중학교에서도 통하는 초등수학

❽ 경우의 수와 확률에서 엔트로피와 야구의 수학까지

정완상 지음 | 김민 그림

❽ 경우의 수와 확률에서 엔트로피와 야구의 수학까지

중학교에서도 통하는 초등수학

개념잡는 수학툰 Level 1

전)전국수학
교사모임
이동훈 회장
추천 도서

성림주니어북

중학교에서도 통하는 초등수학 이렇게 구성되었어요!

판타지 만화로 재미까지 잡는 〈수학툰〉

저자만의 톡톡 튀는 아이디어가 가장 잘 살아있는 꼭지인 수학툰!
어려울 수 있는 수학, 이렇게 재미있게 시작할 수 있습니다.

초·중·고 수학 교과서와 함께 봐요!

초·중·고 수학 교과서는 서로 그 흐름이 연결됩니다. 이 책은 초·중·고 수학 교과서의 흐름을 한 눈에 살펴볼 수 있도록 구성했습니다.

잘 이해했는지 다시 한 번 정리하는 〈개념 정리 QUIZ〉

본문에 나오는 내용을 잘 이해했는지 〈개념 정리 QUIZ〉를 직접 풀어 보고, 부록에 실린 정답 페이지에서 풀이 과정까지 자세히 살펴볼 수 있습니다.

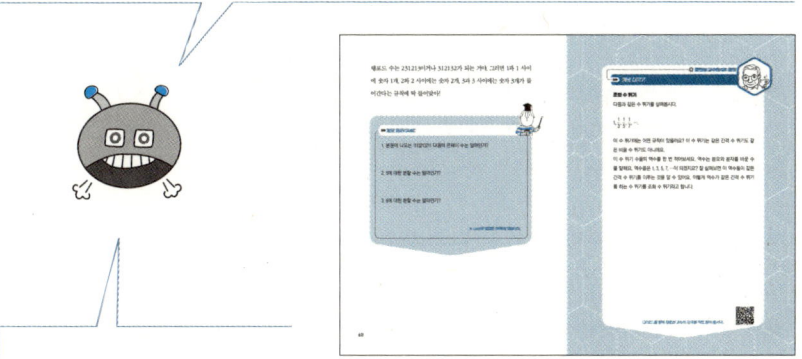

저자 직강 동영상 강좌 연계 〈정완상 교수의 QR 강의 개념 다지기〉

저자가 이 책의 독자들만을 위해 직접 강의한 동영상을 QR코드를 탑재해 연결되도록 구성했습니다. 재미 잡는 수학툰, 풍부한 삽화로 이해를 돕는 본문, 다시 한 번 정리하는 개념 정리 QUIZ에 이어 저자 직강 동영상 강좌를 QR코드로 만나 보세요.

초·중·고 수학 교과서 속 용어가 어려울 땐 이 책에서 연계 용어로 찾아보세요!

이 책에서는 초·중·고 수학 교과서 속 어려운 용어들을 독자들이 이해하기 쉬운 용어로

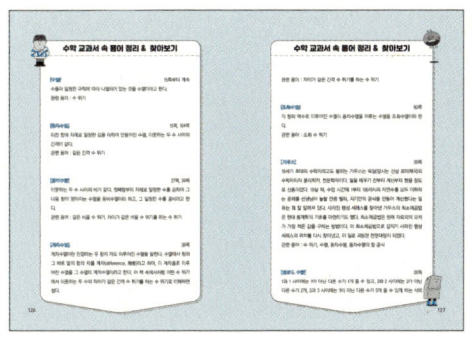

풀어 썼습니다. 교과서와 자연스럽게 연계가 되도록 용어 정리와 찾아보기 페이지를 함께 두었습니다. 수학 교과서로 공부를 하다가 이해가 잘 안 될 때, 이 책을 읽다가 교과서 속 용어가 궁금할 때는 〈수학 교과서 속 용어 정리 & 찾아보기〉에서 쉽게 찾아보세요.

개념잡는 수학툰 Level 1
중학교에서도 통하는 초등수학

❽ 경우의 수와 확률에서 엔트로피와 야구의 수학까지

초·중·고 수학 교과서와 함께 읽어요

초등학교 수학	3학년 분수와 소수 4학년 규칙 찾기 4학년 규칙과 대응 5학년 분수의 곱셈 5학년 소수의 곱셈 6학년 평균과 가능성 6학년 비와 비율
중학교 수학	2학년 유리수와 순환 소수 2학년 확률과 그 기본 성질
고등학교 수학	수학(하) 경우의 수

CONTENTS

추천사 1 수학과 삶이 이어지는 경험이 되기를 /// 14
추천사 2 이 책은 새로운 수학 공부 방식을 선물해 줍니다 /// 16
추천사 3 문장제 문제에 약한 친구들도 빠져드는 수학툰 /// 20
서문 수학은 아름답고 재미있는 과목입니다 /// 23
프롤로그 /// 26

GAME 1
경우의 수

옷을 다양하게 코디하는 방법 /// 32
경우의 수 그리고 곱하기 법칙

세 사람이 의자에 앉는 방법은? /// 35
순서대로 세우는 경우의 수

개념 정리 QUIZ /// 39
정완상 교수의 QR 강의 **개념 다지기** /// 40
서로 다른 색깔 칠하기

- 초 규칙 찾기, 규칙과 대응, 비와 비율
- 중 확률과 그 기본 성질
- 고 경우의 수

GAME 2
순서대로 세우기와 뽑기만 하는 경우의 수

모든 마을을 거쳐 가는 마차의 노선을 만들려면? /// 46
같은 것이 있을 때 순서대로 세우기

둘씩 짝지어 청소 당번을 정하라! /// 49
뽑기만 할 때의 방법의 수

개념 정리 QUIZ /// 55
정완상 교수의 QR 강의 **개념 다지기** /// 56
토너먼트의 경기 수

- 초 규칙 찾기, 규칙과 대응, 비와 비율
- 중 확률과 그 기본 성질
- 고 경우의 수

GAME 3
중복해서 뽑을 때의 경우의 수

중복해서 뽑을 때의 경우의 수 /// 63
모스 부호의 원리

개념 정리 QUIZ /// 70
정완상 교수의 QR 강의 **개념 다지기** /// 71
서로 다른 2개의 우체통에 편지 3통을 넣는 방법의 수

- **초** 규칙 찾기, 규칙과 대응, 비와 비율
- **중** 확률과 그 기본 성질
- **고** 경우의 수

GAME 4
확률 이야기

동전 2개를 던져 앞면이 나올 확률은? /// 76
확률 이야기

주사위 2개를 던져 하나는 홀수, 하나는 짝수가 나올 확률은? /// 79
확률의 곱

양궁 과녁의 중앙에 화살을 쏠 확률은? /// 80
넓이의 확률

개념 정리 QUIZ /// 83
정완상 교수의 QR 강의 **개념 다지기** /// 84
객관식 문제 맞히기

- 초 규칙 찾기, 규칙과 대응, 분수의 곱셈, 소수의 곱셈, 비와 비율
- 중 확률과 그 기본 성질
- 고 경우의 수

GAME 5
확률과 엔트로피

무질서한 정도? /// 90
엔트로피의 발견

경품 행사는 과연 공정할까? /// 97
확률의 문제

개념 정리 QUIZ /// 104
정완상 교수의 QR 강의 **개념 다지기** /// 105
대회에서 우승할 확률

> 초 분수와 소수, 분수의 곱셈, 소수의 곱셈, 비와 비율
> 중 확률과 그 기본 성질
> 고 경우의 수

GAME 6
야구와 확률 이야기

스포츠 중 확률을 가장 많이 이용하는 종목은? /// 112
야구와 확률 이야기

개념 정리 QUIZ /// 118
정완상 교수의 QR 강의 **개념 다지기** /// 119
가위바위보에서 이길 확률

- 초 분수와 소수, 분수의 곱셈, 소수의 곱셈, 비와 비율
- 중 유리수와 순환 소수, 확률과 그 기본 성질
- 고 경우의 수

부록 /// 121
수학자에게서 온 편지 – 파스칼
[논문] 팩토리얼 기호에 관한 연구
개념 정리 QUIZ 정답 /// 130
용어 정리 & 찾아보기 /// 136

| 추천사 1 |

수학과 삶이 이어지는 경험이 되기를

세상은 무엇으로 만들어져 있을까요? 고대 철학자들은 세상을 구성하는 물질에 관심이 많았습니다. 탈레스는 모든 것이 물에서 시작된다고 보았고, 아리스토텔레스는 세상이 물, 불, 흙, 공기로 구성된다고 보았습니다. 오늘날 사람들의 눈에는 고대 철학자들의 생각이 터무니없어 보일 수도 있을 것입니다. 그렇다고 고대 철학자들의 이런 생각이 헛된 것일까요? 비록 정확하지 않았더라도 세상의 본질을 밝히고자 했던 그들의 노력, 탐구 의식은 높이 평가해야 할 것입니다.

저는 학생들이 고대 철학자와 같은 마음으로 수학을 보면 좋겠습니다. 일상생활에서 마주하는 현상들을 수학적으로 탐구한다면 어떨까요? 학생들이 생활하는 교실 안에서도 많은 수학적 원리를 발견하게 될 것입니다. 행과 열로 이루어진 학급 자리 배치에서 '행렬'을 발견할 수 있고, 자리를 바꾸는 날 새로운 짝꿍을 만나는 데에도 '확률'을 생각하게 될 것입니다. 학급 모둠원을 구성하는 데에서 '나눗셈'을 떠올릴 수 있고, 학급 친구들을 특성에 따라 분류하면서 '집합'의 개념도 이해할 수 있을 것입니다. 이처럼 학생들이 수학을 세상을 보는 '눈'으로 생각한다면, 수학은 단순한 문제 풀이의 도구가 아니라 삶의 재미있는 법칙을 찾아내는 유용한 학문으로 인식될 수 있을 것입니다.

이 책은 세상을 수학적으로 볼 수 있는 '눈'을 키워 줄 책입니다. 학년마다 단편적으로 학습했던 수학적 지식을 '주제'별로 통합하여 연결함으로써, 수학적 개념이 학생들의 삶과 이어지게 하였습니다. 학생들은 책 속의 이야기와 상황에 몰입하면서 수학적 개념과 원리를 재미있게 경험할 것입니다. 이 책은 수학을 어려워하는 학생에게는 수학에 대한 기분 좋은 경험이 되어 줄 것이고, 수학을 좋아하는 학생에게는 수학의 가치를 발견하는 기회가 되어 줄 것입니다. 이 책을 통해 많은 학생들이 수학과 삶을 잇는 경험을 쌓고, 수학을 사랑하는 마음을 키워 가기를 기대해 봅니다.

이운영, 조치원대동초등학교 교사

| 추천사 2 |

이 책은 새로운 수학 공부 방식을
선물해 줍니다

수학을 한다는 것은 눈에 보이는 것에서 눈에 보이지 않는 가치를 찾아, 유의미한 연결성을 찾아가는 놀이를 하는 것과 같습니다. 과거에는 자연에서 그것을 찾았고, 현대 사회로 넘어오면서 인간이 만든 사물과 추상에서 그 가치를 찾았지만, 오늘날엔 인간이 만든 추상물 사이의 관계성을 통해 유의미한 가치를 찾곤 합니다. 우리는 컴퓨터 언어로 컴퓨터를 통제하고 컴퓨터 언어로 세상의 모든 정보 자료를 해석합니다. 인간의 산물로 인간의 산물을 통제하는 도구로 수학이 활용되고 있습니다. 우리는 이 과정을 코딩이라 명하지만, 사실 수학적 알고리즘을 찾아가는 형식 놀이에 불과합니다. 결국, 우리가 수학을 가르친다는 것은 우리 사회가 합의한 형식 언어, 기호 언어, 그림 언어로 세상의 사물과 사물을 연결하는 유의미한 관계 놀이를 구성할 방법을 찾게 할 힘을 가르치는 것에 있습니다.

이 시리즈는 첫 권부터 마지막 권이 완결되는 순간까지 온갖 관계의 놀이를 즐기고 있습니다. 이 놀이는 복잡한 형식 언어를 다루는 방식이 아니라, 수학 활동을 힘들어하는 사람들도 행할 수 있는 매우 단순한 사고의 형식을 활용해 복잡한 형식을 관찰하는 힘을 찾는 것에 있습니다. 그런 면에서『중학교에서도 통하는 초등수학』시리즈는 몇 가지의 장점을 갖고 있습니다.

학년별로 쪼개진 초·중·고 수학의 주제를 연결한 개념서이다

어린 시절에 배운 수학적 가치는 어렵지 않게 다가갈 수 있기에, 그 개념을 잘 가지고 놀 수 있다면, 더 높은 수준의 개념도 쉽게 가지고 놀 힘을 얻게 됩니다. 따라서 초등학교 저학년의 수학 이론을 활용해 고학년의 수학 이론을 관찰할 수 있다면, 쉬운 개념을 복잡한 개념을 이해할 수 있음을 의미합니다. 이 책은 그런 면에서 매우 흥미로운 책입니다.

문제와 수, 식을 다루는 다른 책들과 다르게, 이 책은 그림을 다룬다

현대 사회는 인간의 오감 중 시각이 가장 발달한 사회입니다. 거의 대부분의 사람들은 TV와 휴대 전화 속 영상물의 홍수 속에 살아갑니다. 문자 언어를 이해하는데 걸리는 시간보다 그림 언어를 이해하는데 걸리는 시간이 더 짧을 뿐만 아니라, 그런 형식의 이해가 더 잘되도록 진화해 가는 시대에 살고 있습니다. 이 책은 만화와 그림을 통해 복잡한 추상체를 이해가 쉬운 그림 언어로 바꿔 학습자에게 다가갑니다. 이 작은 변화가 학습자로 하여금 수학을 가볍게 다룰 용기를 주곤 합니다.

이 책은 수학을 일상생활 속에서 찾을 수 있는,
일상의 학문으로 바라보게 한다

인류와 충분히 가까이 있었던 수학이 점점 멀게 느껴지는 것 같습니다. 하지만 이 책은 생활 속 요소요소에 녹아 있는 수학의 개념들을 발견해 아이들에게 그림 형식으로 전수하며 수학을 딱딱하고 어려운 그 무엇으로 느끼지 않고 친밀한 대상으로 여길 수 있도록 현실감 있게 학습 소재를 연결해 줍니다. 이 작은 현실적 연결감이 수학을 일상의 삶에서 찾을 수 있는 일상의 학문으로 바라보게 합니다.

저자만의 관점으로 수학 개념을 설명해 주는
전혀 새로운 형식의 수학 개념서이다

모든 사람은 자기 나름의 관점과 시선이 있습니다. 이 시선이 세상을 바라보는 자신만의 가치를 만들곤 합니다. 학창 시절 수학을 좋아하긴 했지만 수학적 원리나 개념들을 거의 암기로 외웠기에 잘 이해하지 못했던 것들이 있어 늘 질문을 하고 살았던 저자의 삶이 고스란히 배어 있는 책입니다. 이 책을 보면, 수학이 이토록 흥미로운 과목이었음을 알게 되고 학교에서 배우는 수학 교과서도 다른 눈으로 바라볼 힘을 얻게 됩니다.

이 책을 통해 독자들이 다음과 같은 가치들을 발견해 보길 소망해 봅니다.

자연에서 수학을 찾을 수 있음을 안다.
인간이 만든 구체물에서 수학을 찾을 수 있음을 안다.
인간이 만든 추상물에서 수학이 있음을 안다.
서로 다른 대상을 연결하는 과정에 수학이 있음을 안다.
인간이 만든 눈에 보이지 않는 대상에서도 수학이 있음을 안다.

수학이 지루하고 어려운 과목이라는 편견을 깬 『중학교에서도 통하는 초등수학』을 아이들에게 추천합니다. 아이들은 이 시리즈의 책들을 읽으며, 수학의 재미에 푹 빠져 헤엄치는 자신을 발견하게 될 것입니다. '수학적으로 생각하는 힘'을 길러주는 것이 중요하다고 생각한다면, 바로 이 시리즈의 책들을 추천합니다.

이동흔, 전) 전국수학교사모임 회장

| 추천사 3 |

문장제 문제에 약한 친구들도 빠져드는 수학툰

수학 문장제 문제를 어려워하는 친구들이 생각보다 많습니다. 과거의 초등수학은 정해진 답을 맞히는 것이 목적이었다면, 이제는 알고 있는 지식을 새롭게 창조해 낼 줄 아는 능력을 중요시하는 추세입니다. 서술형 문제인 문장제 문제는 실생활과 관련된 수학적 상황을 인지하고 해결해 나가는 과정을 통해 문제 해결력을 키우기에 꽤 효과적입니다. 하지만 문자보다 영상이나 그림 등에 익숙한 요즘의 친구들은 읽고 이해해야 할 것이 많은 수학 문장제, 즉 서술형 문제를 스스로 읽는 것부터 어려워합니다.

 이 책은 이런 친구들도 직접 정완상 교수님의 수업을 듣는 듯한 착각이 들 정도로 몰입할 수 있게 하는 여러 가지 요소들이 잘 갖춰져 있습니다. 또 저자는 친구들이 궁금해할 만한 상황을 정확히 알고 있고 이를 명쾌하게 해결해 줍니다. 이 책을 읽는 동안 수학을 잘하는 친구들은 수학에 더 재미를 붙일 수 있을 것이고, 수학을 잘하고 싶다고 생각했던 친구들은 자기도 모르게 수학 실력이 향상되는 마법 같은 경험도 할 수 있을 것입니다.

이 책은 문장제 문제에 약한 주인공 코마의 질문과 상상이 글의 흐름을 재미있게 이끌어 줘서 책을 읽는 동안 초·중·고 수학 교과의 중요한 영역인 각 주제들에 대해 어느새 깊이 빠져듭니다. 중간중간 삽입된 시공간을 넘나드는 만화 형식의 판타지 수학툰은 단원의 흐름을 재미있게 이끌고 있어 친구들의 호기심을 증폭시킵니다. 가볍게 술술 읽히지만 꼭 알아야 할, 수학 탐구 주제에 바로 적용할 수 있는 신비롭고 재미있는 이야기들이 가득 담긴 책입니다.

마지막으로 서문에서 밝힌 정완상 교수님의 말씀처럼 이 책을 읽는 모든 학생들의 어린 시절이 세계적인 수학자의 어린 시절이 되기를 저 또한 희망합니다.

박정희, 매쓰몽 대치본원 대표

| 서문 |

수학은 아름답고 재미있는 과목입니다

QR코드를 통해
정완상 교수의 강의를
직접 들어 봅시다.

수학은 아름답고 재미있는 과목입니다. 이 아름다운 과목은 첫발을 잘못 들이면 이 세상에서 제일 싫어하는 과목이 되기도 합니다. 대신에 어린 시절부터 재미있는 수학책을 접해 수학의 재미를 느끼게 되면 수학을 좋아하게 되고, 따라서 수학에 대한 자신감을 가지게 되지요.

이 책은 그런 의도로 기획되었습니다. 수학을 좋아하는 초등학생들과 수학이 재미없어지기 시작한 청소년들을 위해 주제별로 수학이 재미있는 것이라는 것을 알려 주는 것이 이 책의 가장 큰 목적입니다. 그러기 위해 중학교나 고등학교에서 배우는 내용이나 그 이상의 수학 내용도 초등학생이 소화할 수 있도록, 초등학생이 이해할 수 있는 단어로 설명했습니다. 이 책은 만화로 구성된 수학툰이 전체 이야기를 이끌어 가는 구성입니다. 그래서 독자들이 재미있는 스토리를 통해 수학의 중요한 개념을 이해할 수 있을 것이라 생각합니다.

수학자들은 매우 논리적인 사람들이면서 동시에 엉뚱한 생각을 많이 하는 사람들입니다. 엉뚱한 생각을 논리적으로 접근하면 이 세상 누구도 본 적이 없는 새로운 수학의 세계로 사람들을 초대합니다. 이 책에 등장하는 경우와 수와 확률에 대한 이론을 만든 수학자들 역시 그러합니다. 경우의 수를 체계적으로 헤아리는 이론은 중세 시대에 카르다노, 파스칼, 페르마 등에 의해 처음 연구되었습니다. 이 책에서는 재미있는 수학툰을 통해 경우의 수, 순서대로 세우는 방법의 수, 중복해서 순서대로 세우는 방법의 수, 확률 등의 개념을 살펴봅니다. 중복해서 순서대로 세우는 방법의 수를 응용한 모스 부호의 원리에 대해 알아보고, 확률로 설명하는 엔트로피에 대해 살펴보았습니다. 또한 마지막 단원에서는 야구에서 확률이 어떻게 사용되는지를 다루었습니다. 야구를 좋아하는 사람들은 이 단원을 읽고 좀 더 야구를 재미있게 볼 수 있을 것이라 생각됩니다.

이 책은 초등학교, 중학교, 고등학교 교과서의 다음 내용들과 연결됩니다.

초등학교 : 규칙 찾기, 규칙과 대응, 평균과 가능성

중학교 : 확률과 그 기본 성질

고등학교 : 경우의 수

이 책에 소개된 경우의 수 이론과 확률 이론 및 이 이론들이 생활 속에서 어떻게 응용되는지를 살펴보면서 여러분들이 확률의 신비로움을 배우기를 바랍니다. 이를 통해 여러분들은 야구 경기가 아름다운 확률 개념과 관련되어 있다는 것을 알게 될 것입니다.

여러분들의 어린 시절이, 이 책을 통해 세계적인 수학자의 어린 시절이 되기를 희망합니다.

정완상, 경상국립대학교 교수

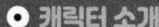
● 캐릭터 소개

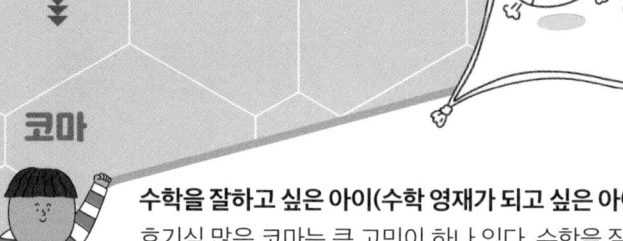

코마

수학을 잘하고 싶은 아이(수학 영재가 되고 싶은 아이)
호기심 많은 코마는 큰 고민이 하나 있다. 수학을 잘하고 싶은데 문장제 문제가 어려워 고민이다. 수학 영재가 되고 싶은 코마, 과연 고민을 해결하고 영재가 될 수 있을까요?

시계 모양의 수학 마법사
수학 행성 매쏜에서 온 수학 요정, '매쓰피어'가 코마의 침대 옆에 놓여 있던 알람 시계를 팔다리가 없고 날아다니는 시계 모양의 수학 마법사로 만들었다.

매쓰워치

시공간을 이동하고, 변신의 귀재
'매쓰피어'가 코마의 침대를 일으켜 세워 만들었다. 코마, 매쓰워치와 함께 시공간을 여행하는데, 이때 가장 중요한 수송을 담당한다. 변신의 귀재이기도 하다.

베드몬

GAME 1

경우의 수

이번 장은 적은 수의 모자와 티셔츠, 치마로 서로 다른 코디를 할 수 있는 방법이 몇 가지인지 따져 보는 흥미로운 이야기로부터 시작한다. 모자 2개, 티셔츠 4벌, 치마 3벌로 무려 24가지 서로 다른 코디를 할 수 있다니 경우의 수를 따져 보면서도 신기하다. 또 세 사람이 의자에 앉는 방법, 서로 다른 색깔을 이웃한 사각형에 칠하는 방법 등으로 경우의 수를 따져 보니 수학이 그다지 어렵게만 느껴지지 않는다.

이렇게 주변에 있는 것들을 예로 들어 설명할 수 있는 것이 바로 수학이다. 일상생활 속의 수학을 만나러 함께 떠나 보자.

옷을 다양하게 코디하는 방법
경우의 수 그리고 곱하기 법칙

베드몬 매쓰워치! 이번에는 아이올의 옷과 셔츠, 모자의 개수와 관련된 이야기를 하려는 거야?

매쓰워치 맞아. 오늘 공부할 주제는 경우의 수를 헤아리는 문제야.

코마 '경우의 수'라고?

매쓰워치 그래. '경우의 수'라고만 들으면 이해가 잘 안 되지? 자, 주사위를 던지는 경우를 생각해 봐. 나올 수 있는 경우는 모두 몇 가지일까?

코마 주사위에는 1, 2, 3, 4, 5, 6이 쓰여 있으니까 6가지 아닌가?

매쓰워치 정확해, 코마. 그게 바로 경우의 수야. 주사위를 던졌을 때 서로 다른 눈이 나오는 경우의 수는 6가지라고 말하면 돼. 그렇다면 주사위를 던졌을 때 짝수의 눈이 나오는 경우의 수는 몇 가지가 될까?

베드몬 짝수는 2, 4, 6이니까 3가지야.

매쓰워치 맞아. 그렇다면 주사위를 던졌을 때 홀수의 눈이 나오는 경우의 수는 몇 가지가 될까?

코마 홀수는 1, 3, 5이니까 3가지야.

매쓰워치 그렇다면 이번에는 다음 그림을 봐.

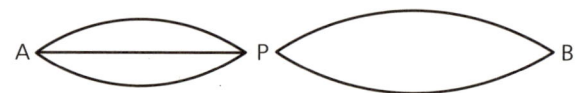

A, P, B를 도시의 이름이라고 해 보자고. A에서 P로 가는 길이 3가지이고, P에서 B로 가는 길이 2가지야. 그럼 A에서 P를 거쳐서 B로 가는 경우의 수는 모두 몇 가지가 될까?

〈코마〉 길이 모두 다섯 개이니까 5가지가 아닌가?

〈매쓰워치〉 틀렸어. 차근차근 따져 봐야 해. 가능한 길을 모두 그림으로 나타내 볼게.

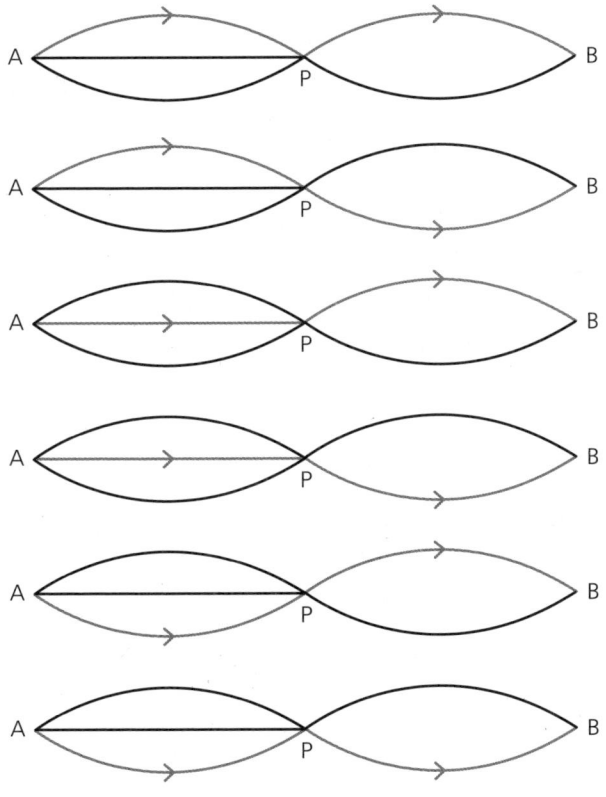

코마 그렇다면 경우의 수가 6가지가 되는구나.

매쓰워치 A에서 P로 서로 다른 길로 가는 경우의 수는 몇 가지였지?

코마 도시 A에서 도시 P로 가는 길은 3가지야.

매쓰워치 그리고 P에서 B까지 서로 다른 길로 가는 경우의 수는 몇 가지였지?

베드몬 도시 P에서 도시 B까지 가는 길은 2가지 밖에 없어.

매쓰워치 맞아. 이때 A에서 P를 거쳐 B로 가는 경우의 수는 A에서 P로 서로 다른 길로 가는 경우의 수에 P에서 B까지 서로 다른 길로 가는 경우의 수를 곱하면 돼. 그러니까 3×2=6(가지)가 돼. 이것을 경우의 수에 대한 곱하기 법칙이라고 불러.

코마 그렇다면 아이올이 서로 다른 의상을 조합해서 입는 경우의 수도 곱하기 법칙이 적용된 거야?

매쓰워치 물론이야. 아이올은 모자 2개, 티셔츠 4벌 그리고 치마 3벌을 가지고 있으니까 이들을 이용해 서로 다르게 입을 수 있는 방법은 2×4×3=24(가지)가 돼.

베드몬 그렇구나. 적은 옷들로 다양하게 보이게 입을 수 있는 코디의 법칙이네!

코마 그러게 신기하다. 모자 2개, 티셔츠 4벌, 치마 3벌로 서로 다른 24가지 코디를 할 수 있다니 말이야.

세 사람이 의자에 앉는 방법은?
순서대로 세우는 경우의 수

매쓰워치 이번에는 순서대로 세우는 경우의 수에 대해 얘기해 볼게. 코마, 베드몬 그리고 내가 순서대로 서는 방법은 다음 그림과 같아.

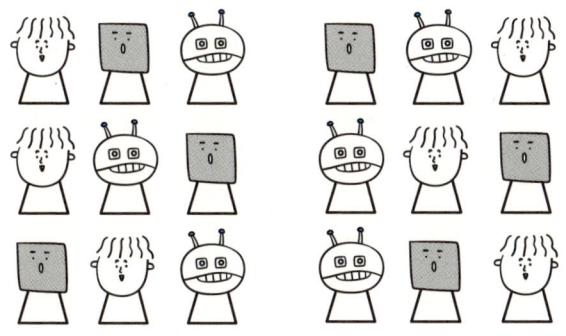

코마 3명이 서로 다르게 순서대로 서는 경우는 6가지네.

매쓰워치 맞아. 이것도 곱하기 법칙으로 설명할 수 있어. 다음 그림과 같이 세 개의 의자가 순서대로 있다고 해 볼까? 첫 번째 의자에 세 사람 중 한 명이 앉는 방법은 몇 가지일까?

코마 세 사람 모두 앉을 수 있으니까 3가지겠지.

`매쓰워치` 그렇다면 두 번째 의자에 앉을 수 있는 경우의 수는?

`코마` 똑같이 세 가지 아닌가?

`매쓰워치` 아니야. 첫 번째 의자에 이미 한 사람이 앉았으니까 두 번째 의자에 앉을 수 있는 사람의 수는 2명이 남았잖아. 그러니까 2가지가 돼.

`베드몬` 그렇다면 세 번째 의자에 앉을 수 있는 사람의 수는 1명이니까 방법은 1가지가 되겠군.

`매쓰워치` 맞아. 세 명이 순서대로 의자에 앉는 방법 그러니까 세 명을 순서대로 뽑아 세우는 방법은 곱하기 법칙에 의해 3×2×1=6(가지)가 돼.

`코마` 세 사람이 순서대로 의자에 앉을 수 있는 방법은 첫 번째 의자에 누군가가 앉고 나면 두 번째 의자에는 남은 두 명 중 한 명만 앉을 수 있고, 세 번째 의자에는 선택의 여지가 없이 남은 한 명이 앉아야 한다는 거지?

`매쓰워치` 정확하게 이해했구나! 이제 1, 2, 3, 4로 만들 수 있는 세 자리의 수는 모두 몇 개인지 알아볼까?

`코마` 안 배운 것이라 어려워. 나는 배운 것도 잘 모르는데….

`매쓰워치` 코마, 네 실력이면 충분히 알 수 있어. 아주 간단해. 세 자리의 수는 다음과 같이 표시할 수 있어.

이때 첫 번째 □는 백의 자리의 수, 두 번째 □는 십의 자리의 수, 마지

막 □는 일의 자리의 수야. 백의 자리에 어떤 수를 넣는 방법은 몇 가지일까?

코마 1, 2, 3, 4 중 어느 한 가지의 수가 오면 되니까 4가지일 것 같아.

매쓰워치 맞아. 이제 십의 자리에 수를 넣는 방법은 몇 가지일까?

코마 백의 자리에 어떤 한 가지의 수가 선택되었으니까 십의 자리에 올 수 있는 수는 남아 있는 3종류 그러니까 3가지야.

매쓰워치 그렇다면 일의 자리에 수를 넣는 방법은?

코마 백의 자리와 십의 자리에 각각 수가 하나씩 선택되었으니까 이제 남아 있는 수는 2종류 그러니까 2가지가 돼.

매쓰워치 맞아. 결국 1, 2, 3, 4로 만들 수 있는 서로 다른 세 자리의 수는 4×3×2=24(가지)가 돼.

코마 24가지의 서로 다른 세 자리의 수를 만들 수 있구나.

매쓰워치 한 문제만 더 풀어 볼까? 0, 1, 2로 만들 수 있는 서로 다른 세 자리의 수는 모두 몇 개일까?

코마 세 자리의 수는 수 3개를 순서대로 세운 거잖아? 그러면 곱하기 법칙에 의해 0, 1, 2로 세 자리의 수를 서로 다르게 만드는 방법은 3×2×1=6(가지)가 돼.

매쓰워치 과연 그럴까? 다시 한 번 생각해 보면 좋겠는데?

코마 뭐가 문제지? 백의 자리에 올 수 있는 수는 3가지, 십의 자리에 올 수 있는 수는 2가지, 일의 자리에 올 수 있는 수는 1가지이니까 6가지가 맞는 것 같은데?

매쓰워치 음, 아주 중요한 한 가지를 놓쳤어. 세 자리의 수를 □□□라고 써 봐. 첫 번째 □에 0이 올 수 있어?

코마 헉! 그렇구나. 예를 들어 012는 세 자리의 수가 아니네.

매쓰워치 그렇지? 세 자리의 수라고 했기 때문에 첫 번째 □에 올 수 있는 수는 0이 아닌 1 또는 2야. 그러니까 첫 번째 □에 수를 넣는 방법은 2가지가 돼. 첫 번째 □에 하나의 수가 선택되었으니까 두 번째 □에 올 수 있는 수는 2가지야.

코마 두 번째 □에는 0이 올 수 있구나.

매쓰워치 물론이야. 그리고 세 번째 □에 올 수 있는 수는 남은 숫자 1개이니까 세 번째 □에 수를 넣는 방법은 1가지가 돼. 그러니까 곱하기 법칙에 따라 2×2×1=4(가지)가 답이야.

코마 그렇구나. 너무 간단하게 생각했어. 첫 번째 자리에는 0이 올 수 없다는 걸 꼭 기억해야겠네.

베드몬 그렇게 틀려 보는 것도 좋은 공부 방법인 것 같아. 앞으로 코마는 첫 번째 자리에 0이 오면 안 된다는 것을 잊어버리지 않겠지?

코마 정말 그럴 것 같아.

▶▶▶ 개념 정리 QUIZ

1. A에서 P를 거쳐서 B로 가는 경우의 수는 모두 몇 가지인가?

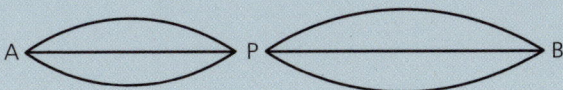

2. 1, 2, 3, 4, 5, 6이 적힌 6장의 숫자카드 중에서 3장의 카드를 뽑아 일렬로 배열하여 생기는 세 자리의 수는 몇 가지인가?

3. 1부터 8까지의 숫자가 적힌 8장의 숫자카드 중에서 1장을 뽑을 때 짝수 또는 3의 배수가 나오는 경우의 수는 몇 가지인가?

※ Quiz의 정답은 130쪽에 있습니다.

서로 다른 색깔 칠하기

다음과 같은 모양을 살펴봅시다.

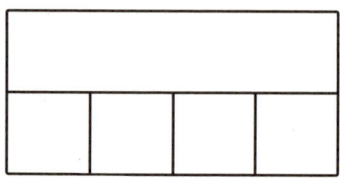

사각형의 칸을 서로 다른 색깔로 칠하려고 합니다. 빨강, 노랑, 파랑, 초록, 보라 중 어느 색이든 사용할 수 있다고 해 볼까요? 같은 색을 몇 번 사용해도 좋지만 서로 만나는 부분은 다른 색이 되어야 한다면 색칠을 하는 방법에는 몇 가지 경우가 생길까요?

우선 5개의 영역을 가, 나, 다, 라, 마로 구별합시다.

가부터 나, 다, 라, 마의 순서로 색칠한다고 해 봅시다. 그럼 가에는 빨강, 노랑, 파랑, 초록, 보라 중 아무 색이나 칠해도 되니까 가를 칠할 수 있는 방법은 5가지가 됩니다.
나에 가와 같은 색을 쓸 수는 없으므로 나에 칠할 수 있는 색의 종류는 4가지이지요.

다는 가, 나와 만나므로 다에는 가와도 나와도 다른 색을 칠해야 합니다. 그러므로 다에 칠할 수 있는 색의 종류는 3가지입니다.

나와 라는 인접해 있지 않으니까 나와 라는 같은 색으로 칠해도 되지요? 라에는 가, 다와 다른 색을 칠하면 되니까 라에 색깔을 칠하는 방법은 3가지입니다.

마는 가, 라와 다른 색을 칠하면 되니까 마에 칠할 수 있는 색의 종류는 3가지이지요. 정리해 볼까요?

가를 칠하는 방법 … 5가지
나를 칠하는 방법 … 4가지
다를 칠하는 방법 … 3가지
라를 칠하는 방법 … 3가지
마를 칠하는 방법 … 3가지

곱하기 법칙을 이용하면

5×4×3×3×3=540(가지)입니다.

QR코드를 통해 정완상 교수의 강의를 직접 들어 봅시다.

GAME 2

순서대로 세우기와 뽑기만 하는 경우의 수

이번 장은 수학툰에서 모든 마을을 거쳐 가는 마차의 노선을 만드는 미션이 주어진다. 우리 일상생활 속에서 지하철 노선, 버스 노선을 만드는 것이 이와 비슷하다. 같은 것이 있을 때 순서대로 세우는 방법과 같은 것이 없을 때 순서대로 세우는 방법은 어떤 차이가 있는지 살펴보고, 둘씩 짝을 지어 청소 당번을 정하는 방법 역시 살펴본다. 축구나 야구 경기의 토너먼트에서도 경우의 수를 따지는 수학이 필요하다는 것도 살펴보는 등 우리 일상생활 곳곳에서 찾을 수 있는 수학 이야기를 조금 더 만나 보자.

모든 마을을 거쳐 가는 마차의 노선을 만들려면?
같은 것이 있을 때 순서대로 세우기

〈코아〉 마차의 노선을 만들 때 하나씩 그려 봐야 해? 쉽게 구하는 방법은 없는 거야?

〈매쓰위치〉 당연히 있지. 그것이 바로 지금 이야기하려고 했던 내용이야. 자, 여기 사과 2개와 바나나 1개가 있다고 해 보자. 이 3개의 과일을 순서대로 세우는 방법은 몇 가지일까?

〈코아〉 과일이 3개이니까 3×2×1=6(가지)가 되는 거 아닌가?

〈매쓰위치〉 아니야. 조금 더 생각해 봐야지. 여기서 중요한 것은 사과 2개가 같다는 거야. 순서대로 세워 보면 다음과 같아.

〈베드몬〉 3가지 밖에 안 나오네.

〈코아〉 사과, 사과, 바나나를 순서대로 세울 때 사과 2개의 순서를 바꾸어도 똑같다는 거지?

> **매쓰워치** 맞아. 사과 2개가 같아서 그래. 순서가 바뀌어도 구분할 수가 없잖아. 이렇게 같은 것이 있을 때 순서대로 세우는 방법의 수는 같은 것이 없을 때 세우는 방법의 수보다 적어.

> **코마** 사과, 딸기, 바나나를 세우는 방법의 수는 6가지이고, 사과, 사과, 바나나를 세우는 방법은 3가지가 되는구나.

> **매쓰워치** 맞아. 여기서 3은 다음 식에서 나와.
> $(3 \times 2 \times 1) \div (2 \times 1) = 3$

> **베드몬** 같은 것이 2개 있을 때 일렬로 세우는 방법의 수는 같은 것이 없을 때 일렬로 세우는 방법의 수를 2×1로 나누면 되는구나.

> **매쓰워치** 맞아. 같은 것이 2개이니까 2부터 시작해서 1까지 곱한 것으로 나누어 주면 돼.

> **베드몬** 이해했어.

> **매쓰워치** 그렇다면 응용 문제를 살펴볼까? 사과 3개와 바나나 2개를 일렬로 세우는 방법은 몇 가지가 될까?

> **코마** 같은 것이 없다면 5개의 과일이니까 5개의 과일을 일렬로 세우는 방법은 $5 \times 4 \times 3 \times 2 \times 1$(가지)인데…

> **베드몬** 하지만 사과 3개가 같고, 바나나 2개가 같으니까 사과 3개와 바나나 2개를 일렬로 세우는 방법은 $(5 \times 4 \times 3 \times 2 \times 1) \div (3 \times 2 \times 1) \div (2 \times 1) = 10$(가지)가 되네.

> **코마** 어디? 내가 그림으로 그려서 맞는지 확인해 볼게.

매쓰위치 둘다 정말 훌륭해! 이제 수학툰 속에 등장했던 마차의 노선 문제를 해결해 볼까? 마차 차고지 X에서 Y로 가는 길 하나를 그려 볼게.

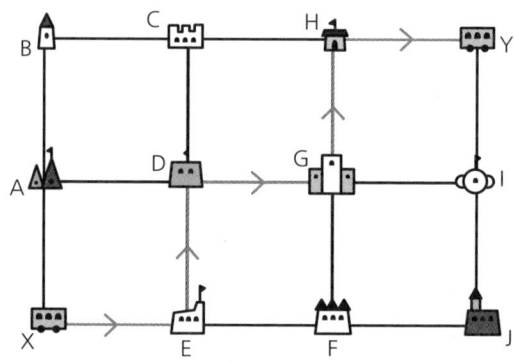

마차는 오른쪽 또는 위로만 갈 수 있어. 그러니까 위 그림의 경로는 다음과 같이 나타낼 수 있어.

<코마> 위로 가는 화살표 2개와 오른쪽으로 가는 화살표 3개가 일렬로 나열되어 있네.

<매쓰워치> 바로 그거야. 그러니까 위로 가는 화살표 2개와 오른쪽으로 가는 화살표 3개를 일렬로 세우는 방법의 수가 되니까, (5×4×3×2×1)÷(3×2×1)÷(2×1)=10(가지)가 되는 거야. 화살표로 경로를 나타내면 다음과 같이 나타낼 수 있어.

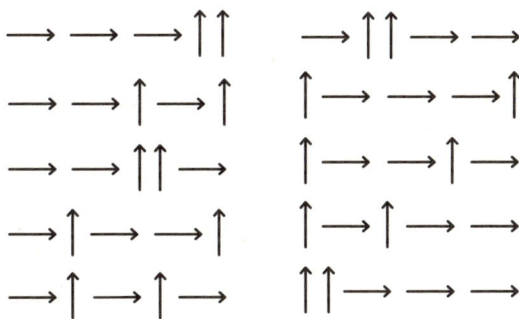

둘씩 짝지어 청소 당번을 정하라!
뽑기만 할 때의 방법의 수

<매쓰워치> 이번에는 순서대로 세우지 않고 뽑기만 할 때의 경우의 수에 대해 살펴볼 거야.

<코마> 순서대로 세우지 않는다고? 그게 무슨 말이야?

<매쓰워치> 순서대로 세울 필요가 없는 경우도 있거든.

베드몬 어떤 경우인지 예를 들어 줄 수 있어?

매쓰워치 그래. 우리 셋 중에서 2명의 청소 당번을 뽑는 경우를 생각해 봐.

코마 베드몬과 나, 베드몬과 매쓰워치 그리고 나와 매쓰워치. 이렇게 3가지 경우가 생기는구나. 베드몬과 나, 나와 베드몬 순서가 바뀌어 뽑혀도 결과는 똑같으니까 말이야.

매쓰워치 맞아. 청소 당번 2명은 뽑히는 순서로 구별이 되지 않기 때문이야. 이렇게 3명 중 2명을 순서대로 세우지 않고 뽑기만 할 때의 경우의 수는 $(3 \times 2) \div (2 \times 1) = 3$(가지)가 돼.

코마 그렇다면 5명 중에서 3명을 뽑기만 하는 경우의 수는 $(5 \times 4 \times 3) \div (3 \times 2 \times 1) = 10$(가지)가 되겠네.

베드몬 뽑기만 할 때의 경우의 수가 뽑아서 일렬로 세울 때의 경우의 수보다 적네.

매쓰워치 물론이야. 이제 뽑기만 할 때의 경우의 수를 이용하는 재미있는 문제를 볼까? 다음 그림을 봐. 이 도형에서 만들 수 있는 크고 작은 사각형은 모두 몇 개지?

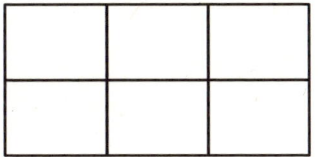

코마 가장 작은 사각형은 다음과 같아. 1칸으로 이루어진 경우야.

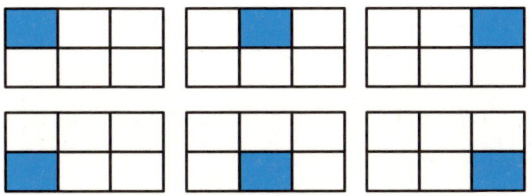

다음은 2칸으로 이루어진 옆으로 길쭉한 사각형인데 다음과 같아.

또 2칸으로 이루어진 세로로 길쭉한 사각형은 다음과 같아.

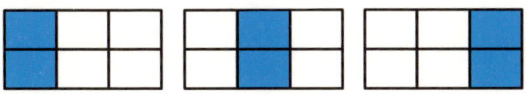

다음으로는 3칸으로 이루어진 사각형인데 그림으로 살펴볼까?

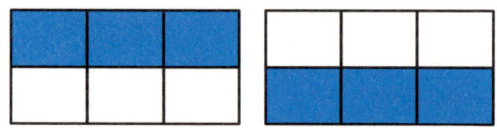

이제 4칸으로 이루어진 정사각형을 살펴볼 거야. 그림으로 나타내면 다음과 같아.

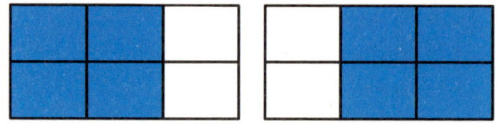

마지막으로 6칸으로 이루어진 사각형을 색칠해 볼게.

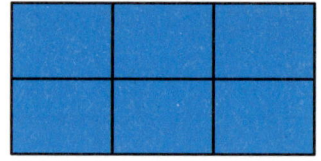

그러니까 만들 수 있는 모든 사각형의 개수는 6+4+3+2+2+1=18(개)가 돼.

매쓰워치 잘했어. 하지만 경우의 수를 이용해서 이 문제를 바로 해결할 수도 있어.

코마 어떻게 하면 돼?

매쓰워치 사각형은 2개의 수평 직선과 2개의 수직 직선으로 만들 수 있어. 가로 직선을 회색 선으로 칠하고, 세로 직선을 검정색 선으로 칠해 볼까?

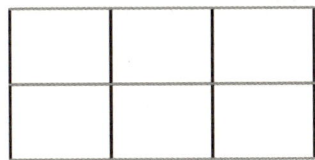

이제 검정색 선 중에서 2개를 택하고 회색 선 중에서 2개를 택하면 사각형이 만들어져. 예를 들어, 두 번째와 세 번째 검정색 선 그리고 첫 번째와 두 번째 회색 선을 택하면 한 칸짜리 사각형이 만들어지지. 아래 그림처럼 말이야.

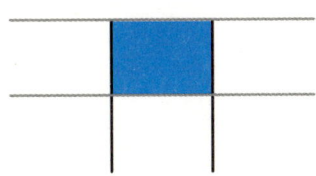

베드몬 가로선에서 2개를 뽑고 세로선에서 2개를 뽑는 경우의 수가 만들어질 수 있는 사각형의 개수가 되겠네.

매쓰워치 맞아. 가로선이 3개이니까 이 중에서 2개를 뽑는 경우의 수를 먼저 계산해야지?

코마 그것은 쉽지. 다음과 같아. (3×2)÷(2×1)=3(가지)가 돼.

매쓰워치 그리고 나서는 세로선 4개에서 2개를 뽑는 경우의 수를 계산해야겠지?

베드로 세로선 4개 중에서 2개를 뽑는 경우의 수는 (4×3)÷(2×1)=6(가지)야.

매쓰워치 둘다 정말 잘했어. 그러니까 가로선에서 2개를 뽑고 세로선에서 2개를 뽑는 경우의 수는 3×6=18(가지)가 돼.

▶▶▶ 개념 정리 QUIZ

1. 5장의 숫자카드 1, 1, 1, 2, 2로 만들 수 있는 다섯 자리의 수는 모두 몇 종류인가?

2. 다음 그림에서 A를 출발해 B에 도착하는 가장 짧은 길의 개수는 몇 개인가?

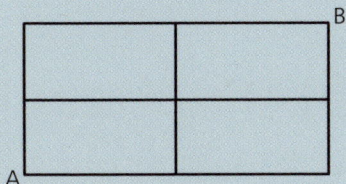

3. 5명의 사람들 중에서 3명의 대표를 선출하는 경우의 수는 몇 가지인가?

※ Quiz의 정답은 131쪽에 있습니다.

◉ 정완상 교수의 QR 강의

▶▶▶ **개념 다지기**

토너먼트의 경기 수

축구나 야구 경기가 열린다고 생각해 봅시다. 야구, 축구, 농구 등에서 경기를 벌이는 대전 방식은 보통 리그와 토너먼트로 나뉩니다. 리그 또는 리그전이라 불리는 대전 방식은 경기에 참가한 모든 팀이 서로 한 번 이상 겨루어 가장 많이 이긴 팀이 우승하게 됩니다. 정해진 기간 동안 2번 이상 상대와 겨루는 프로 축구나 프로 야구 리그를 생각하면 되지요. 이에 반해 토너먼트 방식은 경기를 거듭할 때마다 진 편은 제외시키면서 이긴 편은 계속 경기를 거듭해 우승을 가립니다. 짧은 기간 내에 경기를 치러 우승을 가리는 월드컵이나 올림픽 등에서 주로 사용하는 방식입니다.

16팀이 토너먼트를 벌일 때 총 경기 수를 구해 봅시다.

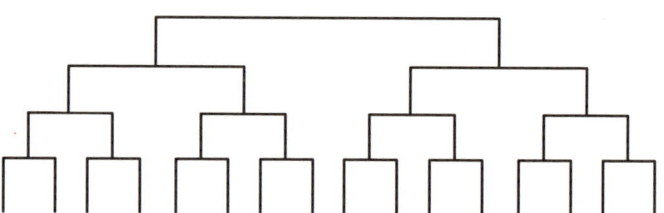

첫 번째 경기는 16팀이 8경기를 치러야 합니다. 이때 이긴 팀의 수가 8팀이므로 두 번째 경기는 4경기를 치러야 하지요. 또 그 경기에서 이긴 팀이 4팀이므로 세 번째 경기는 2경기 그리고 마지막으로 결승전에 오른 2팀이 1경기를 치르면 되지요.

계산해 보면 1+2+4+8=15(경기)입니다.

일반적으로 n팀이 토너먼트 방식으로 우승자를 가릴 때 필요한 경기 수는 n-1(경기)가 됩니다.

QR코드를 통해 정완상 교수의 강의를 직접 들어 봅시다.

GAME 3

중복해서 뽑을 때의 경우의 수

이번 장에서는 점과 선을 배합하여 문자와 기호를 나타내는 전신 부호인 모스 부호에 대해 다룬다. 모스 부호는 미국의 발명가 모스가 고안한 것으로 특히 무선 전신이나 섬광 신호 따위에 쓰였다. 우리나라 영화 '엑시트'에서 '따따따 따~따~따~ 따따따' 하면서 박수를 치면서 빛과 소리를 내는 것이 바로 모스 부호로 SOS, 즉 구조 신호를 표시했던 것이다. 여기에서는 모스 부호의 원리를 중복해서 뽑을 때의 경우의 수, 즉 수학적 해석으로 알아본다. 2개의 우체통에 3통의 편지를 넣는 방법을 저자의 동영상 강의로 함께 들으면서 중복해서 뽑을 때의 경우의 수에 대해 조금 더 자세히 살펴보자.

수학툰

중복해서 뽑을 때의 경우의 수
모스 부호의 원리

매쓰워치 이번에는 중복해서 뽑아서 순서대로 세울 때의 경우의 수를 구하는 문제를 얘기해 보려고 해.

코마 중복해서 뽑아서 순서대로 세운다는 게 무슨 말이야?

매쓰워치 예를 들어 다음과 같은 두 종류의 스탬프가 있다고 해 보자. 이 스탬프들을 순서대로 두 번 찍을 때 중복을 허용한다면 몇 가지 경우가 생길까?

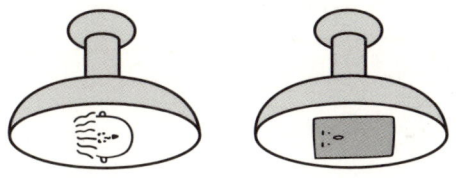

코마 중복을 허용한다는 게 무슨 말인지 아직 잘 모르겠어. 같은 것을 두 번 찍어도 된다는 말이야?

매쓰워치 맞아. 코마나 베드몬을 두 번 연속해서 찍어도 된다는 뜻이야. 그러니까 스탬프를 찍으면 다음과 같은 경우가 생길 거야.

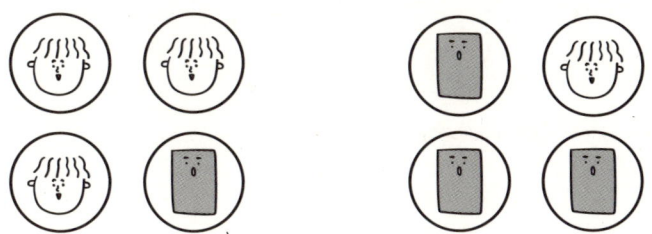

(코마, 코마), (코마, 베드몬), (베드몬, 코마), (베드몬, 베드몬)을 찍을 수 있지.

<코마> 서로 같은 것이 찍힐 수도 있고, 다른 것이 찍힐 수도 있으니까 총 4가지 경우가 생기는구나.

<애쓰워치> 맞아. 중복을 허용해 세 번 찍으면 어떻게 되지?

<베드몬> 그것은 내가 찾아볼게. 이렇게 찍으면 될 것 같은데 어때?

<코마> 베드몬이 잘 정리한 것 같은데? 8가지 경우가 생기는군.

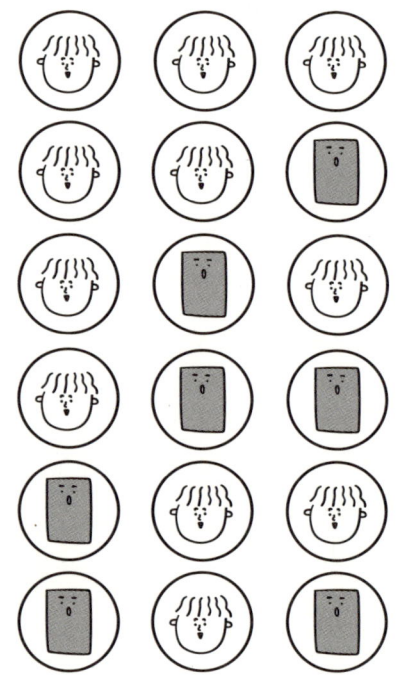

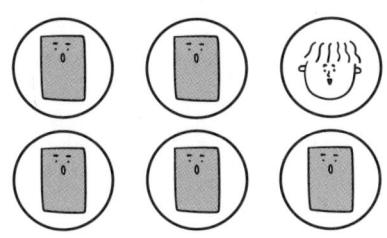

<매쓰워치> 맞아. 정리해 볼게. 두 종류의 스탬프를 두 번 찍어서 만들 수 있는 경우의 수는 2×2=4(가지)가 되고, 두 종류의 스탬프를 세 번 찍어서 만들 수 있는 경우의 수는 2×2×2=8(가지)가 돼.

<코마> 네 번 찍으면 2×2×2×2=16(가지), 다섯 번 찍으면 2×2×2×2×2=32(가지)가 되겠네.

<매쓰워치> 바로 이 성질을 이용하면 두 개의 무늬로 알파벳을 모두 만들 수 있어. 이것을 모스 부호라고 불러. 수학툰에서 복면을 안 쓴 경우와 복면을 쓴 경우, 두 종류가 있지? 복면을 쓴 경우와 안 쓴 경우를 다음 그림과 같은 기호로 나타내기로 약속해 보는 거야.

이렇게 두 개의 기호 •과 −만으로 알파벳을 다음과 같이 만들 수 있어.

<코마> 한글의 자음과 모음도 모스 부호로 나타낼 수 있어?

문자	부호	문자	부호
A	・ー	N	ー・
B	ー・・・	O	ーーー
C	ー・ー・	P	・ーー・
D	ー・・	Q	ーー・ー
E	・	R	・ー・
F	・・ー・	S	・・・
G	ーー・	T	ー
H	・・・・	U	・・ー
I	・・	V	・・・ー
J	・ーーー	W	・ーー
K	ー・ー	X	ー・・ー
L	・ー・・	Y	ー・ーー
M	ーー	Z	ーー・・

영어 모스 부호

매쓰워치 물론이지. 다음처럼 나타내.

코마 아하! 그러니까 피클과 스태틱 듀오가 복면을 벗었을 때를 ・

문자	부호	문자	부호
ㄱ	・ー・・	ㅎ	・ーーー
ㄴ	・・ー・	ㅏ	・
ㄷ	ー・・・	ㅑ	・・
ㄹ	・・・ー	ㅓ	ー
ㅁ	ーー	ㅕ	・・・
ㅂ	・ーー	ㅗ	・
ㅅ	ーー・	ㅛ	ー・
ㅇ	ー・ー	ㅜ	・・・・
ㅈ	・ーー・	ㅠ	・ー・
ㅊ	ー・・ー	ㅡ	ー・・
ㅋ	ー・ー・	ㅣ	・・ー
ㅌ	ーー・・	ㅔ	ー・ーー
ㅍ	ーーー	ㅐ	ーー・ー

한글 모스 부호

으로 복면을 썼을 때를 -로 나타내면 영어 모스 부호 표에서 찾아보니 각각 다음 그림과 같은 뜻이 나오네.

베드몬 와우! 복면을 이용한 모스 부호 댄스였구나! 숫자나 다른 나라

N — ·

O — — —

W · — —

A · —

R · — ·

P · — — ·

E ·

A · —

C — · — ·

E ·

언어도 모스 부호로 나타낼 수 있겠네?

매쓰위치 당연하지. 원래 새뮤얼 모스가 개발했을 당시에만 해도 모스 부호는 숫자만을 전송할 계획이었다고 해. 그러다 나중에 이 코드를 연구하던 연구자들에 의해 일반 문자와 특수 문자를 포함해 확장시켰고, 이것이 일반화된 것이지. 각 글자에 대한 부호 지정은 가장 많이 사용되는 글자 그러니까 영어의 경우에는 'E', 한글의 경우에는 'ㅏ'를 가장 짧은 부호인 •로 정한 것이라고 해. 많이 사용되는 글자일수록 타전하기 편하도록 할당 부호가 짧아진 것이지. 이번에는 조금 조심해야 할 문제를 다뤄 보려고 해. 두 장의 숫자카드 0, 1이 있어. 이 카드를 중복을 허용하여 세 번씩 사용해서 만들 수 있는 세 자리의 수는 모두 몇 가지일까?

베드몬 2×2×2=8(가지)가 맞을 것 같은데?

매쓰위치 아니야! 틀렸어. 0이 앞에 오는 수는 없다는 사실을 명심해야 해. 0, 1이 적힌 2장의 숫자카드를 중복을 허용해서 세 번 뽑아 만들 수 있는 경우는 다음과 같아.

0 0 0
0 0 1
0 1 0
0 1 1
1 0 0

1 0 1

1 1 0

1 1 1

베드몬 그래, 8가지 맞잖아?

코마 아하! 베드몬이 함정에 빠졌어. 매쓰워치가 이전에도 말했잖아. 세 자리의 수를 만들 때 백의 자리에 0이 올 수는 없다고!

매쓰워치 맞아! 000, 001, 010, 011이라는 세 자리의 수는 없으니까 제외시켜야 해.

베드몬 아이고! 이런 실수를 하다니…. 그러니까 8가지 중에서 세 자리의 수가 될 수 있는 경우는 4가지뿐인 것이구나.

매쓰워치 맞아.

▶▶▶ **개념 정리 QUIZ**

1. 2장의 숫자카드 1, 2로 중복을 허용해 3번 뽑아 일렬로 세울 때 서로 다른 수는 모두 몇 가지인가?

2. 2명의 후보자에게 3명의 유권자가 무기명 투표를 할 때 나타나는 모든 경우의 수는 몇 가지인가?

3. 2장의 숫자카드 0, 1이 있다. 2장의 카드를 중복을 허용하여 2번 뽑아 만들 수 있는 두 자리의 수는 모두 몇 가지인가?

※ Quiz의 정답은 132쪽에 있습니다.

> 정완상 교수의 QR 강의

▶▶▶ **개념 다지기**

서로 다른 2개의 우체통에 편지 3통을 넣는 방법의 수

서로 다른 2개의 우체통에 편지 3통을 넣는 방법의 수를 구해 봅시다. 2개의 우체통을 A, B라고 하고 3통의 편지를 편지 1, 편지 2, 편지 3이라고 하면 이 3통의 편지를 2개의 우체통에 넣는 방법은 다음과 같습니다.

편지1	편지2	편지3
우체통 A	우체통 A	우체통 A
우체통 A	우체통 A	우체통 B
우체통 A	우체통 B	우체통 A
우체통 A	우체통 B	우체통 B
우체통 B	우체통 A	우체통 A
우체통 B	우체통 A	우체통 B
우체통 B	우체통 B	우체통 A
우체통 B	우체통 B	우체통 B

그러므로 서로 다른 우체통 2개에서 중복을 허락해 3개를 뽑아내 순서대로 세우는 경우의 수는 $2 \times 2 \times 2 = 8$(가지)가 됩니다.

QR코드를 통해 정완상 교수의 강의를 직접 들어 봅시다.

GAME 4

확률 이야기

이번 장 역시 우리가 일상생활 속에서 궁금했을 만한 이야기들로 확률을 배운다. 동전 2개를 던져서 앞면과 뒷면이 나올 확률, 주사위를 던져서 해당 조건이 나올 확률, 양궁 과녁에서 정중앙을 맞힐 확률 등을 이야기한다. 또 저자가 직접 강의하는 동영상 강의에서는 객관식 시험 문제를 풀지 않고 아무 답이나 골랐을 때 맞힐 수 있는 확률 등에 대해 살펴본다.

동전 2개를 던져 앞면이 나올 확률은?
확률 이야기

〔매쓰워치〕 자, 지금부터 우리는 확률 이야기를 해 볼 거야.

〔코마〕 확률이 뭐지?

〔매쓰워치〕 동전을 던지면 어떤 경우들이 나오지?

〔코마〕 그거야 당연히 앞면이 나오거나 뒷면이 나오지.

〔매쓰워치〕 맞아. 동전을 던졌을 때 나오는 전체 경우의 수는 2가지야.

〔매쓰워치〕 2가지 사건을 쓰면 다음과 같아.

사건 1 : 앞면이 나온다.

사건 2 : 뒷면이 나온다.

동전을 던졌을 때 앞면이 나올 확률은 앞면이 나오는 경우의 수를 전체 경우의 수로 나누면 돼.

〔코마〕 1÷2가 되는 거야?

〔매쓰워치〕 맞아. 그런데 확률은 주로 분수나 소수로 나타내. 그러니까 앞면이 나올 확률은 $\frac{1}{2}$ 또는 0.5라고 말하면 돼.

코마 그러면 뒷면이 나올 확률도 앞면이 나올 확률과 똑같은 $\frac{1}{2}$이 되는 거지?

매쓰워치 맞아. 그러니까 (앞면이 나올 확률)+(뒷면이 나올 확률)=1이 돼.

베드몬 수학툰에서 동전몬이 둘인 경우에 천사의 얼굴이 1개인 경우가 확률이 제일 높다고 했잖아? 그것은 왜 그래?

매쓰워치 동전 2개를 던지는 경우의 확률을 구하는 문제야. 동전 2개를 던질 때는 다음과 같은 경우들이 생겨.

베드몬 전체 경우의 수는 4가지가 되는구나.

매쓰워치 이것을 앞면의 개수를 기준으로 다음과 같이 분류할 수 있어.

사건 1 : 앞면이 2개 나온다.

사건 2 : 앞면이 1개 나온다.

사건 3 : 앞면이 0개 나온다.

그렇다면 이제 앞면이 2개 나올 확률을 구해 볼까?

베드몬 전체 경우의 수는 4가지이고, 앞면이 2개 나오는 경우의 수는 1가지이니까, 앞면이 2개 나올 확률은 $\frac{1}{4}$이 돼.

매쓰워치 앞면이 1개 나올 확률은?

코아 전체 경우의 수는 4가지이고, 앞면이 1개 나오는 경우의 수는 2가지이니까, 앞면이 1개 나올 확률은 $\frac{2}{4}$가 돼.

매쓰워치 앞면이 0개 나올 확률은?

베드몬 전체 경우의 수는 4가지이고, 앞면이 0개 나오는 경우의 수는 1가지이니까, 앞면이 0개 나올 확률은 $\frac{1}{4}$이 돼.

매쓰워치 3가지 사건 중에서 앞면이 1개 나올 확률이 제일 높지?

코아 그렇네.

매쓰워치 확률이 높다는 것은 일어날 가능성이 크다는 뜻이 되는 거야. 그래서 2개의 동전몬이 나타났을 때 천사의 얼굴이 1개인 경우를 선택한 거야.

베드몬 그래서 우리가 선물을 받을 수 있었구나.

주사위 2개를 던져 하나는 홀수, 하나는 짝수가 나올 확률은?
확률의 곱

매쓰워치 이번에는 두 확률을 곱해야 하는 경우를 설명해 줄게.

코마 어떤 경우에 확률을 곱해?

매쓰워치 주사위를 2번 던지는 경우를 생각해 봐. 첫 번째 주사위를 던졌을 때는 홀수가 나오고 두 번째 주사위를 던졌을 때는 짝수가 나올 확률을 구해 볼까?

코마 첫 번째 주사위를 던져 홀수가 나올 확률은 $\frac{1}{2}$이야.

베드몬 두 번째 주사위를 던져 짝수가 나올 확률도 $\frac{1}{2}$이 돼.

매쓰워치 맞아. 이때 첫 번째 주사위를 던졌을 때는 홀수가 나오고, 두 번째 주사위를 던졌을 때는 짝수가 나올 확률을 구하려면 각각의 확률을 곱하면 돼.

코마 그렇다면 첫 번째 주사위를 던졌을 때는 홀수가 나오고, 두 번째 주사위를 던졌을 때는 짝수가 나올 확률은 각각의 확률 $\frac{1}{2}$을 곱한 $\frac{1}{2} \times \frac{1}{2} = \frac{1}{4}$이 된다는 거지?

매쓰워치 맞아.

양궁 과녁의 중앙에 화살을 쏠 확률은?
넓이의 확률

매쓰워치 이번에는 넓이와 관련된 확률 이야기를 해 볼게.

코마 넓이와 확률이 어떤 관계가 있는 거지?

매쓰워치 다음 그림과 같은 양궁 과녁이 있다고 생각해 봐.

작은 원, 가운데 원, 가장 큰 원의 반지름이 각각 1cm, 2cm, 3cm라고 할 때, 각 영역에 화살이 맞을 확률을 구해 볼까? 모든 화살은 세 영역 중 한 군데에 반드시 맞는다고 가정하고 말이야.

코마 어떻게 구하지?

매쓰워치 각각의 영역의 넓이를 구하면 되는 거야. 가장 작은 원의 넓이는 얼마지?

코마 원의 넓이를 구하는 공식은 3.14×반지름×반지름이니까 3.14×1×1=3.14cm²가 되네.

매쓰워치 가운데 영역의 넓이는?

코마 가운데 영역은 반지름이 2cm라고 했으니까 3.14×2×2=12.56cm²가 되는 거 아니야?

매쓰워치 다시 한 번 생각해 볼래? 뭔가 빠진 것이 없어?

베드몬 음, 코마처럼 원의 넓이만 구하면 안 될 것 같은데? 가운데 영역의 넓이는 반지름이 2cm인 원의 넓이에서 반지름이 1cm인 원의 넓이를 빼야 할 것 같아.

매쓰워치 맞아. 베드몬이 정확하게 봤어.

코마 그렇다면 가운데 영역의 넓이를 계산해 보면 가운데 원의 넓이에서 작은 원의 넓이를 빼야 하니까 3.14×2×2-3.14×1×1=3×3.14=9.42cm²가 되는구나.

매쓰워치 잘했어, 코마. 이제 가장 바깥쪽 영역의 넓이는?

코마 반지름이 3cm인 원의 넓이에서 반지름이 2cm인 원의 넓이를 빼면 되니까 가장 바깥쪽 영역의 넓이는 3.14×3×3-3.14×2×2=5×3.14=15.7cm²가 돼.

매쓰워치 과녁의 전체 넓이는 가장 큰 원의 넓이와 같으니까 3.14×3×3=9×3.14=28.26cm²이잖아? 각 영역의 넓이를 전체 넓이로 나눈 것이 그 영역에 화살이 맞을 확률이야. 각 영역에 화살이 맞을 확률은 다음과 같아져.

가장 작은 원에 맞을 확률 = $\dfrac{1}{9}$

가운데 영역에 맞을 확률=$\frac{3}{9}$

가장 바깥쪽 영역에 맞을 확률=$\frac{5}{9}$

[코마] 양궁 선수가 화살을 정중앙에 있는 가장 작은 원 부분에 맞힐 확률이 제일 작네.

[매쓰워치] 물론이야. 그러니까 가장 작은 원 부분에 화살이 꽂히면 제일 높은 점수를 주는 거겠지?

▶▶▶ 개념 정리 QUIZ

1. 주사위를 던져 홀수의 눈이 나올 확률은?

2. 1부터 10까지의 번호가 적힌 10장의 숫자카드에서 1장을 뽑을 때 3의 배수 또는 짝수를 뽑을 확률은?

3. 2개의 주사위를 동시에 던질 때 2개의 눈이 같은 수일 확률은?

※ Quiz의 정답은 133쪽에 있습니다.

▶▶▶ 개념 다지기

객관식 문제 맞히기

보기가 4개이고 정답이 1개인 시험 문제 3문항이 있다고 해 봅시다. 1번 문제, 2번 문제, 3번 문제까지 3개의 문제를 풀지 않고 아무렇게나 답을 적어 볼까요?

이때 1개의 문제를 맞힐 확률은 $\frac{1}{4}$이고, 틀릴 확률은 $\frac{3}{4}$이 됩니다.

이제 3개의 문제를 모두 맞힐 확률을 계산해 봅시다. 3개의 문제를 모두 맞힐 확률은 1번 문제를 맞히고, 2번 문제를 맞히고, 3번 문제를 맞힐 확률이지요. 각각의 문제를 맞힐 확률이 $\frac{1}{4}$이므로 1번 문제를 맞히고, 2번 문제를 맞히고, 3번 문제를 맞힐 확률은 $\frac{1}{4} \times \frac{1}{4} \times \frac{1}{4} = \frac{1}{64}$이 됩니다.

이번에는 3개의 문제 중 1개의 문제만 맞힐 확률을 계산해 볼까요? 1개의 문제만 맞히는 것은 다음과 같이 3가지 경우가 있습니다.

1번을 맞히고, 2번을 틀리고, 3번을 틀리는 경우.
1번을 틀리고, 2번을 맞히고, 3번을 틀리는 경우.
1번을 틀리고, 2번을 틀리고, 3번을 맞히는 경우.

1번을 맞히고, 2번을 틀리고, 3번을 틀릴 경우의 확률은 $\frac{1}{4} \times \frac{3}{4} \times \frac{3}{4} = \frac{9}{64}$입니다.
1번을 틀리고, 2번을 맞히고, 3번을 틀릴 경우의 확률은 $\frac{3}{4} \times \frac{1}{4} \times \frac{3}{4} = \frac{9}{64}$이고요.

1번을 틀리고, 2번을 틀리고, 3번을 맞힐 경우의 확률은 $\frac{3}{4} \times \frac{3}{4} \times \frac{1}{4} = \frac{9}{64}$가 됩니다.

그러므로 3개의 문제 중 1개의 문제만 맞힐 확률은 $\frac{9}{64} + \frac{9}{64} + \frac{9}{64} = \frac{27}{64}$이 되지요.

QR코드를 통해 정완상 교수의 강의를 직접 들어 봅시다.

GAME 5

확률과 엔트로피

이번 장에서는 방귀 냄새가 퍼지는 것, 실수로 물컵에 떨어뜨린 잉크 한 방울이 퍼져나가 물컵 속을 검게 물들이는 것, 파리를 잡아 가둬 두면 2개의 방으로 분산되는 것, 코마의 방이 어질러져 있는 것 등 우리 일상에서 늘 접하는 에피소드들로 확률과 엔트로피를 이야기한다. 구슬 굴리기 게임이 공정한가를 얘기하면서 확률로 문제를 풀어낸다. 경기에서 우승할 확률을 계산하는 것 또한 수학이 필요함을 알 수 있다. 이렇게 수학은 우리 일상생활 속 곳곳에 펴져 있음을 확인해 보자.

무질서한 정도?
엔트로피의 발견

코마 방귀 냄새가 퍼지고, 파리가 무질서하게 움직이는 수학툰 속 내용이 확률과 무슨 관계가 있지?

매쓰워치 이제부터 설명해 줄게. 예를 들어 파리의 수를 4마리라고 하고 각각 A, B, C, D라고 해 보자. 칸막이가 있어서 왼쪽 방으로 못 갈 때에는 파리 4마리는 모두 오른쪽 방에 있었어.

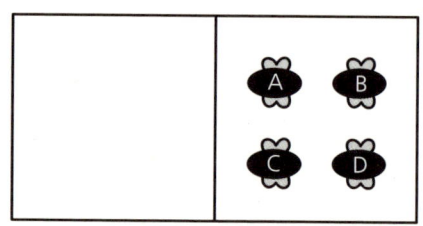

이제 칸막이를 열었을 때 파리들이 있을 수 있는 모든 경우를 그려 볼 거야.

매쓰워치 전체 경우의 수는 몇 가지지?

코마 그림을 보니 총 16가지가 나왔네.

매쓰워치 좋아. 이것을 이제 왼쪽 방에 있는 파리의 수로 분류해 볼게. 왼쪽 방에 있을 수 있는 파리의 수는 0마리, 1마리, 2마리, 3마리, 4마리로 총 다섯 가지 경우가 나오지. 왼쪽 방에 파리가 0마리인 경우는 몇 가지야?

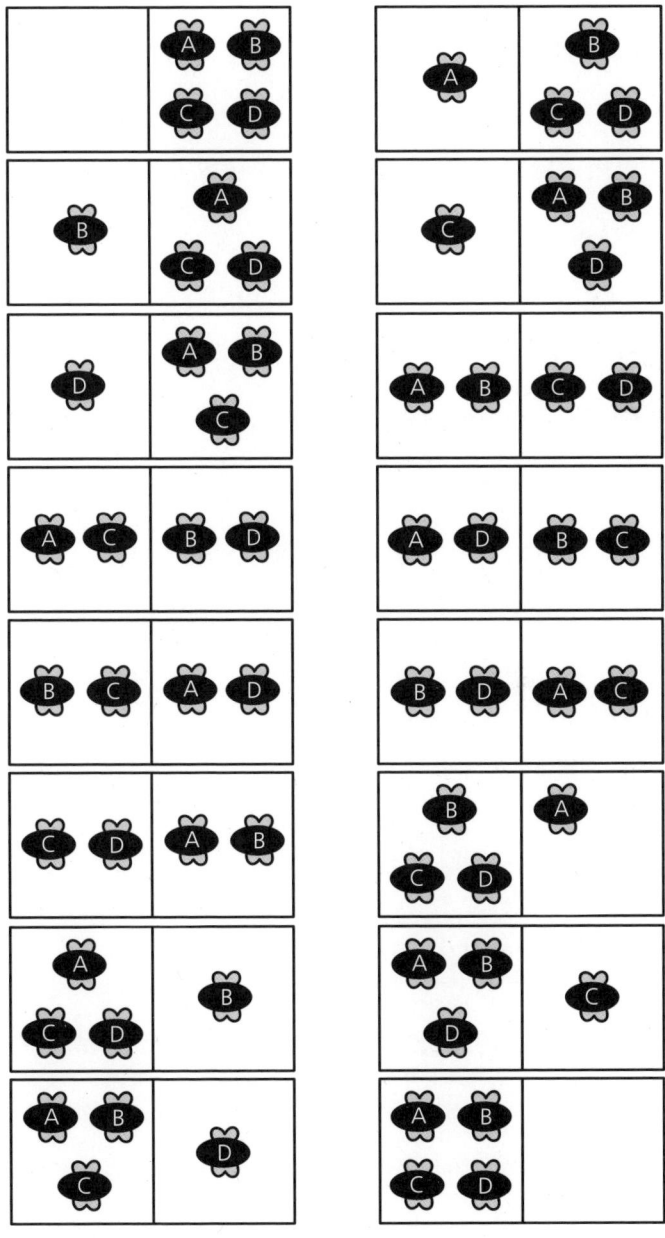

코마 1가지야.

매쓰위치 왼쪽 방에 파리가 1마리인 경우는 몇 가지야?

베드몬 4가지가 돼.

매쓰위치 왼쪽 방에 파리가 2마리인 경우는 몇 가지야?

코마 음, 총 6가지가 나오네.

매쓰위치 그렇다면 왼쪽 방에 파리가 3마리인 경우는 몇 가지야?

베드몬 그건 4가지가 있어.

매쓰위치 마지막으로 왼쪽 방에 파리가 4마리인 경우는 몇 가지야?

코마 1가지 밖에 없어.

매쓰위치 이것을 확률로 나타내면 다음과 같아.

왼쪽 방에 파리가 0마리일 확률=$\frac{1}{16}$

왼쪽 방에 파리가 1마리일 확률=$\frac{4}{16}$

왼쪽 방에 파리가 2마리일 확률=$\frac{6}{16}$

왼쪽 방에 파리가 3마리일 확률=$\frac{4}{16}$

왼쪽 방에 파리가 4마리일 확률=$\frac{1}{16}$

코마 왼쪽 방에 파리가 2마리일 확률이 제일 높게 나왔네?

매쓰위치 맞아. 칸막이를 연 후에 양쪽 방에 같은 수의 파리가 있을 확률이 제일 높은 거지. 볼츠만은 경우의 수가 제일 높은 경우를 무질서가 제일 큰 경우라고 생각하고, '무질서한 정도'를 '엔트로피'라고 불렀어. 그리고 자연은 무질서한 정도(엔트로피)를 가장 좋아한다는 사실을 알게 된 거지.

〈코마〉 물에 검은 잉크를 떨어뜨렸을 때 물이 검은 물로 바뀌는 것도 엔트로피가 가장 커지는 건가?

〈매쓰워치〉 물론이야. 검은 잉크가 떨어진 자리에 그대로 있을 확률은 작고 골고루 퍼질 확률이 제일 크거든. 그러니까 검은 잉크가 골고루 퍼져서 물 전체가 검은색을 띠는 것이 엔트로피가 가장 커지는 거지.

〈베드몬〉 그렇다면 얼른 가서 코마 방의 엔트로피를 가장 크게 해야지.

(코마) 베드몬! 빨리 엔트로피를 줄여 줘. 난 지저분한 게 싫어!

(베드몬) 물건들을 제 자리에 놓으란 말이지?

경품 행사는 과연 공정할까?
확률의 문제

베드몬 찜질방 개업 이벤트로 열린 경품 행사가 정말 공정한 것인지 의문을 가지는 사람들이 있었어. 정말 공정했던 걸까?

코마 내가 보기에는 공정한 게임인 것 같은데?

매쓰워치 과연 그럴까? 구슬이 들어가서 각각의 알파벳으로 떨어질 확률을 계산해 볼게. 입구로 구슬이 들어가면 처음에 두 갈래 길을 만나게 돼. 간단한 그림으로 그려 볼게.

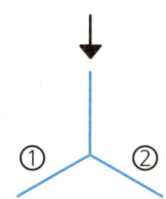

화살표 방향으로 투입된 구슬이 첫 번째 갈림길을 만나지? 이때 구슬이 갈 수 있는 길은 왼쪽 ①번 길과 오른쪽 ②번 길, 두 가지 경우야. ①번 길로 갈 확률은 얼마지?

코마 $\frac{1}{2}$이지.

매쓰워치 그렇다면 ②번 길로 갈 확률은?

베드몬 그것 역시 $\frac{1}{2}$이지.

코마 왼쪽으로 갈 확률과 오른쪽으로 갈 확률이 같네. 그러니까 공정한 게임인 거 같은데.

매쓰워치 좋아. 그럼 다음 단계를 볼까?

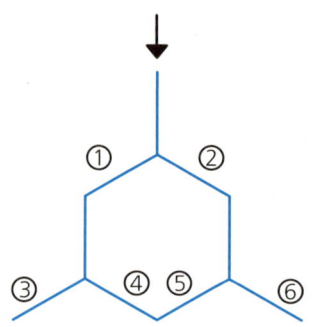

처음 나온 갈림길에서 왼쪽 ①번 길로 들어간 구슬이 아래로 떨어진 후 다시 나온 갈림길에서 다시 왼쪽 ③번 길로 갈 확률과 오른쪽 ④번 길로 갈 확률은 각각 $\frac{1}{2}$이야. 마찬가지로 처음 갈림길에서 오른쪽 ②번 길로 들어간 구슬이 아래로 떨어져 다시 왼쪽 ⑤번 길로 갈 확률과 오른쪽 ⑥번 길로 갈 확률 역시 각각 $\frac{1}{2}$이야. 그러므로 ①번 길로 간 다음 ③번 길로 갈 확률은 $\frac{1}{2} \times \frac{1}{2} = \frac{1}{4}$이지. 여기까지 나온 확률들을 다음과 같이 정리할 수 있어.

(구슬이 ③번 길로 갈 확률)=$\frac{1}{2} \times \frac{1}{2} = \frac{1}{4}$

(구슬이 ④번 길로 갈 확률)=$\frac{1}{2} \times \frac{1}{2} = \frac{1}{4}$

(구슬이 ⑤번 길로 갈 확률)=$\frac{1}{2} \times \frac{1}{2} = \frac{1}{4}$

(구슬이 ⑥번 길로 갈 확률)=$\frac{1}{2} \times \frac{1}{2} = \frac{1}{4}$

이제 다음 단계를 살펴봐야겠지?

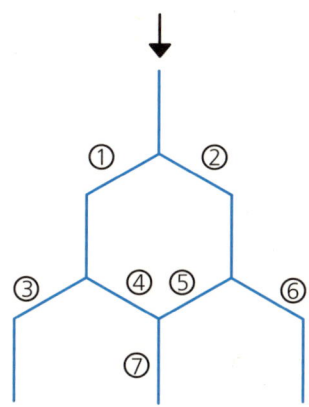

⑦번 길로 갈 때를 먼저 생각해 볼까? ①번 길로 간 후 ④번 길을 거쳐서 가거나 또는 ②번 길을 거쳐 ⑤번 길을 거쳐 갈 수 있어. 그러므로 ⑦번 길로 갈 확률은 $\frac{1}{4}+\frac{1}{4}=\frac{2}{4}=\frac{1}{2}$이 돼. ⑦번 길로 갈 확률을 옆 길과 비교해 정리하면 다음과 같아.

(구슬이 ③번 길로 갈 확률)=$\frac{1}{4}$

(구슬이 ⑦번 길로 갈 확률)=$\frac{1}{4}+\frac{1}{4}=\frac{1}{2}$

(구슬이 ⑥번 길로 갈 확률)=$\frac{1}{4}$

여기까지는 이해가 됐어? 이제 다음 단계를 살펴봐도 되겠지?

코마 잠깐만! 엄청 복잡해졌어. 그리고 ⑦번 길로 갈 확률이 달라졌어. 정리가 좀 필요해.

베드몬 같이 정리해 보자. 첫 번째 갈림길에서 ①번 길과 ②번 길로 갈 수 있고, 그다음 갈림길에서는 ①번 길로 간 구슬은 ③번과 ④번 길로 갈 수 있는 거지. ②번 길로 간 구슬은 ⑤번 길과 ⑥번 길로 갈 수 있는 거고.

코마 ④번 길과 ⑤번 길로 간 구슬만 ⑦번 길로 갈 수 있는 것이구나.

매쓰워치 정확해. 그러니까 ③번 길로 갈 확률, ⑦번 길로 갈 확률, ⑥번 길로 갈 확률을 위에서 계산해 봤던 거야. 이제 구슬이 더 굴러가야겠지?

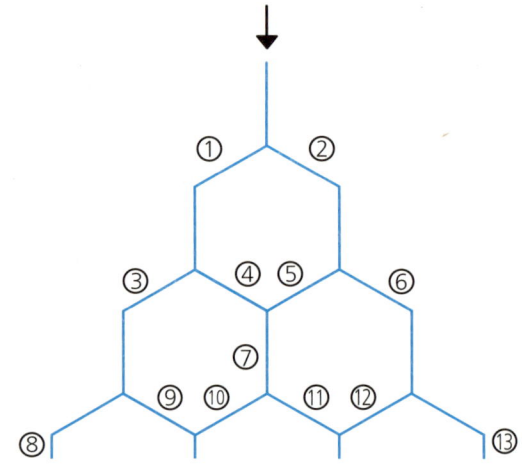

이때 구슬이 굴러갈 수 있는 길은 ⑧번부터 ⑬번 길이지? 이 길들 중 하나로 구슬이 굴러갈 확률은 다음과 같아.

(구슬이 ⑧번 길로 갈 확률)=$\frac{1}{4} \times \frac{1}{2} = \frac{1}{8}$

(구슬이 ⑨번 길로 갈 확률)=$\frac{1}{4} \times \frac{1}{2} = \frac{1}{8}$

(구슬이 ⑩번 길로 갈 확률)=$\frac{1}{2} \times \frac{1}{2} = \frac{1}{4}$

(구슬이 ⑪번 길로 갈 확률)=$\frac{1}{2} \times \frac{1}{2} = \frac{1}{4}$

(구슬이 ⑫번 길로 갈 확률)=$\frac{1}{4} \times \frac{1}{2} = \frac{1}{8}$

(구슬이 ⑬번 길로 갈 확률)=$\frac{1}{4} \times \frac{1}{2} = \frac{1}{8}$

이제 거의 다 왔네. 마지막 단계들을 살펴봐야겠지?

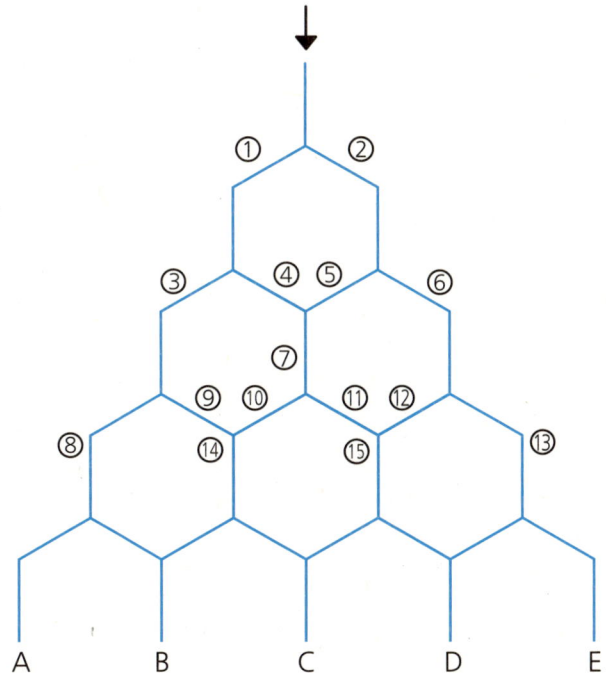

이때 ⑭번 길로 갈 확률은 구슬이 ⑨번 길로 나올 확률과 ⑩번 길로 나올 확률의 합이 되고, ⑮번 길로 갈 확률은 ⑪번 길로 나올 확률과 ⑫번 길로 나올 확률의 합이 되므로 각각의 확률은 다음과 같이 계산 돼.

(구슬이 ⑧번 길로 갈 확률)=$\frac{1}{4} \times \frac{1}{2} = \frac{1}{8}$

(구슬이 ⑭번 길로 갈 확률)=$\frac{1}{8} + \frac{1}{4} = \frac{3}{8}$

(구슬이 ⑮번 길로 갈 확률)=$\frac{1}{4} + \frac{1}{8} = \frac{3}{8}$

(구슬이 ⑬번 길로 갈 확률)=$\frac{1}{4} \times \frac{1}{2} = \frac{1}{8}$

같은 방법으로 A, B, C, D, E로 구슬이 나올 확률을 계산하면 다음과 같아.

(구슬이 A로 나올 확률)=$\frac{1}{8} \times \frac{1}{2} = \frac{1}{16}$

(구슬이 B로 나올 확률)=$\frac{1}{8} \times \frac{1}{2} + \frac{3}{8} \times \frac{1}{2} = \frac{4}{16}$

(구슬이 C로 나올 확률)=$\frac{3}{8} \times \frac{1}{2} + \frac{3}{8} \times \frac{1}{2} = \frac{6}{16}$

(구슬이 D로 나올 확률)=$\frac{3}{8} \times \frac{1}{2} + \frac{1}{8} \times \frac{1}{2} = \frac{4}{16}$

(구슬이 E로 나올 확률)=$\frac{1}{8} \times \frac{1}{2} = \frac{1}{16}$

> **코마** 우와! 구슬이 C로 나올 확률이 제일 높네.

> **베드몬** 그러게 나도 A, B, C, D, E로 나올 확률이 모두 같을 것이라고 생각했었어. 다시 봐도 신기한데? 우리가 잘 못 계산한 것은 아니지?

> **매쓰워치** 맞아. 잘 못 계산한 게 아니야. 처음부터 이 게임은 C를 선택한 사람이 유리한 게임이었어. 공정하지 못한 게임이지.

> **코마** 그랬구나.

▶▶▶ 개념 정리 QUIZ

1. 주사위 2개를 던졌을 때 두 눈의 합이 3일 확률은?

2. 3개의 동전을 동시에 던질 때 3개 모두 앞면이 나올 확률은?

3. 빨간 구슬 4개와 흰 구슬 3개가 들어있는 주머니에서 구슬을 꺼낼 때 흰 구슬이 나올 확률은?

※ Quiz의 정답은 134쪽에 있습니다.

개념 다지기

대회에서 우승할 확률

A, B 두 팀이 겨루는 경기에서 4번의 게임을 먼저 이기는 팀이 우승하는 대회를 생각해 봅시다.

현재까지의 경기에서 A가 2번 이기고 B가 1번 이겼다고 하고, 이 상황에서 A팀이 우승할 확률을 구해 봅시다. 우선 A가 2승 1패라는 것을 명심해야 합니다. 그러니까 B가 3승을 추가하기 전에 A가 먼저 2승을 추가하면 A가 우승하게 됩니다. 남은 경기에서 A가 2승을 먼저 추가하는 경우는 다음과 같습니다.

○○
×○○
○×○
××○○
×○×○
○××○

각 경우의 확률을 모두 더하면 A가 우승할 확률이 됩니다. 각 경우의 확률을 모두 구하면 다음과 같지요.

○○ → 확률 $= \dfrac{1}{2} \times \dfrac{1}{2} = \dfrac{1}{4}$

×○○ → 확률 $= \dfrac{1}{2} \times \dfrac{1}{2} \times \dfrac{1}{2} = \dfrac{1}{8}$

○×○ → 확률 $= \dfrac{1}{2} \times \dfrac{1}{2} \times \dfrac{1}{2} = \dfrac{1}{8}$

××○○ → 확률=$\frac{1}{2}×\frac{1}{2}×\frac{1}{2}×\frac{1}{2}=\frac{1}{16}$

×○×○ → 확률=$\frac{1}{2}×\frac{1}{2}×\frac{1}{2}×\frac{1}{2}=\frac{1}{16}$

○××○ → 확률=$\frac{1}{2}×\frac{1}{2}×\frac{1}{2}×\frac{1}{2}=\frac{1}{16}$

이를 모두 더하면 $\frac{11}{16}$이니까 A가 우승할 확률은 $\frac{11}{16}$이 됩니다.

QR코드를 통해 정완상 교수의 강의를 직접 들어 봅시다.

야구와 확률 이야기

이번 장에서는 많은 친구들이 좋아하는 야구에 쓰이는 확률 이야기를 다룬다. 타자들이 안타를 얼마나 잘 치는가를 말하는 타율을 할푼리로 쓰는 것도 확률에 의해 결정되는 등 야구는 어느 스포츠보다 더 확률을 많이 이용하는 종목이다. 마지막으로 저자가 강의한 동영상에서는 가위바위보 게임에서 이길 확률에 대해서 이야기하니 이번 장 역시 즐겁게 읽어 보길 권한다.

스포츠 중 확률을 가장 많이 이용하는 종목은?
야구와 확률 이야기

베드몬 야구는 참 재미있는 스포츠야!

매쓰워치 맞아. 그리고 야구는 스포츠 중에서 확률을 가장 많이 이용하는 종목이기도 해.

코마 야구에 확률이 사용된다고?

매쓰워치 물론이야. 야구 경기에서 타자가 얼마나 안타를 잘 치는가는 타율이라는 확률에 의해 결정돼.

코마 타율이 확률이야? '4번 타자의 타율이 3할 4푼 5리입니다.'라고 할 때 그 타율이 확률이라고?

매쓰워치 맞아. 타율은 선수가 안타를 칠 확률을 말해.

코마 그러니까 선수가 4번 타석에 들어서서 2개의 안타를 치면 안타를 칠 확률은 $\frac{2}{4}$가 되니까 타율은 $\frac{2}{4}$가 되는구나.

매쓰워치 그렇지 않아. 타자가 정규로 타격을 완료한 횟수를 타수라고 하는 데 전체 경우의 수를 타수로 했을 때의 안타를 칠 확률이 바로 타율이야.

베드몬 타석과 타수의 차이가 잘 이해가 안 가.

매쓰워치 볼넷, 몸에 맞는 볼, 희생 번트, 희생 플라이 등과 같이 타자가 정규로 타격을 완료하지 못한 경우는 타수에서 제외가 돼. 간단하게 예를 들어 볼게. 두 선수 A, B가 한 경기에서 5번 타석에 들어서서 다음과 같은 결과를 냈어.

(선수 A)

1번 타석 : 1루타

2번 타석 : 우익수 플라이 아웃

3번 타석 : 홈런

4번 타석 : 3루수 땅볼 아웃

5번 타석 : 3루타

(선수 B)

1번 타석 : 볼넷

2번 타석 : 3루타

3번 타석 : 몸에 맞는 공

4번 타석 : 투수 앞 땅볼 아웃

5번 타석: 홈런

매쓰워치 어느 선수의 타율이 더 높지?

베드몬 홈런도 안타지?

매쓰워치 물론이지.

베드몬 A 선수가 안타를 3개 쳤고, B 선수가 안타를 두 개 쳤으니까 A

선수의 타율이 더 높겠군.

매쓰위치 베드몬은 타수와 타석을 착각하고 있는 거야. A 선수의 경우, 타석수와 타수는 같아. 즉 타수는 5가 되지. 그중 3번의 안타를 쳤으니까 안타를 칠 확률은 $\frac{3}{5}$이 돼. 이것을 소수로 나타내면 0.6이 돼. 이때 이 선수의 타율은 6할이라고 말해.

코마 늘 궁금했어. 할푼리라고 말하잖아. 여기서 할푼리가 무슨 뜻이지?

매쓰위치 과거에 소수를 읽을 때 사용되던 용어야. 소수 첫째 자리는 할, 소수 둘째 자리는 푼, 소수 셋째 자리는 리, 소수 넷째 자리는 모라고 읽지. 그러니까 0.4876은 4할 8푼 7리 6모라고 읽어. 야구의 타율은 이 방법으로 읽어.

코마 우와! 할푼리만 들어 봤는데 '모'도 있었네? 할푼리모.

매쓰위치 이번에는 B 선수의 타율을 구해 볼까?

베드몬 B 선수는 볼넷과 몸에 맞는 볼이 있어. 이 두 경우는 타수에서 제외되니까 이 선수의 타수는 3이야. 이 선수는 그중 2개의 안타를 쳤으니까 안타를 칠 확률(타율)은 $\frac{2}{3}$가 되고, 소수로 나타내면 0.66666…이 돼.

매쓰위치 보통 야구 경기에서는 반올림을 해서 소수 셋째 자리까지만 나타내. 소수 넷째 자리에서 반올림하면 0.667이 되니까 이 선수의 타율은 6할 6푼 7리가 돼.

코마 이렇게 계산하니까 같은 타석일 때 안타수가 작아도 타율이 더 높아질 수 있는 것이구나.

매쓰워치 물론이야. 그래서 타율이 높은 타자들은 볼넷도 많이 얻는 편이야.

코마 야구에서 또 어떤 확률을 사용하지?

매쓰워치 도루 성공률도 확률이야. 도루를 하면 아웃이 될 수도 있고, 세이프가 될 수도 있어. 이때 총 도루 횟수에 대한 세이프 횟수의 확률을 도루 성공률이라고 불러.

베드몬 수학툰에서 나수야 감독이 홈런 타자 네 명을 내보내고 홈런을 칠 수 없는 선수를 받아들였는데 어떻게 우승을 했지? 수학툰을 보는 내내 궁금했어.

매쓰워치 나수야 감독은 확률을 더 소중히 생각했어. 야구는 점수가 많이 날 때는 20점 이상 날 수도 있지만 점수가 안 날 때는 9회까지 점수가 안 날 수도 있거든. 실제로 야구에서 볼넷이 없고 실책이 없고 모든 안타에 대해 1개씩만 진루할 수 있다고 한다면 야구는 점수 내기가 힘들어.

코마 그건 왜지?

매쓰워치 선수들의 평균 타율이 그리 높지 않기 때문이야. 야구에서는 3할 이상인 타율을 가진 타자를 아주 좋은 타자라고 불러. 그런데 3할이라는 것은 10번의 타수에서 3번의 안타를 친다는 뜻이야. 즉 안타 칠 확률이 0.3이라는 거지. 만일 한 번의 안타에 1개씩만 진루할 수 있다면 네 명의 타자가 연속으로 안타를 쳐야 1점이 나는 거야. 네

115

명의 타자가 연속으로 안타를 칠 확률은 0.3×0.3×0.3×0.3=0.0081이야. 너무 낮은 확률이지. 하지만 볼넷, 몸에 맞는 볼, 실책 등이 있거나 한 번의 안타에 1루의 주자가 3루까지 가거나 2루타, 3루타가 있다면 상황은 달라져. 안타가 하나도 없어도 볼넷만으로 득점이 가능할 수도 있고 안타 하나에 득점이 될 수도 있거든. 그래서 나수야 감독은 뛰는 야구를 하기 위해 홈런은 못 치지만 2루타, 3루타를 많이 칠 수 있고 1루에서 2루로 도루도 활발하게 하는 선수들을 기용한 거지. 이런 야구를 스몰 볼 야구라고 하는데 이런 방법으로 팀의 성적을 올릴 수도 있어.

코마 나도 궁금한 게 있었어. 수학툰에서 왜 나수야 감독은 타율이 좋은 이쌩쌩을 빼고 왕쌔리 선수를 타석에 세운 거야? 굉장히 중요한 순간이었는데 타율이 좋은 선수를 뺀다는 것이 이해가 안 됐어.

베드로 맞아. 나도 이상했어. 타율이 좋은 선수가 안타를 칠 확률이 더 높은데.

매쓰워치 이것도 확률을 이용한 야구의 한 예야. 타율이 높으면 안타를 칠 확률이 높은 건 맞아. 하지만 타자는 한 시즌 동안 수 많은 상대팀 투수들과 대결하거든. 이렇게 9회말 투아웃의 마지막 찬스에서는 전체 투수에 대한 타율보다는 상대 투수에 대한 타율이 높은 타자가 유리해. 나수야 감독은 그걸 이용한 거야.

코마 이배라 투수에 대한 타율은 왕쌔리 선수가 높았던 것이구나.

매쓰워치 맞아. 자료를 보니까, 이배라 투수에 대한 왕쌔리 선수의 타율은 3할 5푼이고, 이배라 투수에 대한 이쌩쌩 선수의 타율은 1할 2푼 1리야. 감독으로서는 이배라 투수가 공을 던질 때 안타를 칠 확률이 높은 왕쌔리 선수를 타석에 세운 것이지.

베드몬 와우! 확률 야구의 승리네.

▶▶▶ 개념 정리 QUIZ

1. 어떤 야구 선수가 5번의 타석에 들어가, 삼진 2번, 안타 2개 그리고 볼넷 1개를 얻었다. 이 사람의 타율을 계산하라.

2. 어떤 선수가 12번의 도루를 시도해, 4번을 성공시켰다. 이 선수의 도루 성공률은 얼마인가?

3. $\frac{1}{8}$을 할푼리로 나타내라.

※ Quiz의 정답은 135쪽에 있습니다.

▶▶▶ 개념 다지기

◉ 정완상 교수의 QR 강의

가위바위보에서 이길 확률

두 사람 A와 B가 가위바위보 게임을 하는 경우를 봅시다. A가 낼 수 있는 경우는 가위, 바위, 보로 3가지 경우이고 B가 낼 수 있는 경우 역시 가위, 바위, 보로 3가지 경우입니다.
따라서 전체 경우의 수는 3×3=9(가지)이지요.

모든 경우를 표로 만들어 봅시다.

A	B	결과
가위	가위	비긴다
가위	바위	B가 이긴다
가위	보	A가 이긴다
바위	가위	A가 이긴다
바위	바위	비긴다
바위	보	B가 이긴다
보	가위	B가 이긴다
보	바위	A가 이긴다
보	보	비긴다

A가 이기는 경우는 3가지이니까 A가 이길 확률은 $\frac{3}{9}=\frac{1}{3}$입니다.

B가 이기는 경우도 3가지이니까 B가 이길 확률 역시 $\frac{3}{9}=\frac{1}{3}$이 되고요.

가위바위보게임은 두 사람이 이길 확률이 같으니까 공정한 게임이라고 할 수 있습니다.

QR코드를 통해 정완상 교수의 강의를 직접 들어 봅시다.

부록

[수학자에게서 온 편지]
파스칼

[논문]
팩토리얼 기호에 관한 연구

개념 정리 QUIZ 정답

용어 정리 & 찾아보기

| 수학자에게서 온 편지 |

파스칼
(Blaise Pascal)

나는 프랑스의 수학자이자 물리학자이자 철학자인 블레즈 파스칼(Blaise Pascal)입니다. 나는 1623년 6월 19일, 프랑스의 클레르몽페랑 지방에서 태어났어요. 나는 어릴 때부터 수학을 좋아해서 수학 신동으로 불리었지요. 나는 12살 때 혼자의 힘으로 삼각형의 내각의 합이 180도가 된다는 것을 증명했고, 유클리드의 『원론』을 독학했어요. 그리고 13살 때는 꽤 유명한 '파스칼의 삼각형'을 발견했지요. 이것은 유명한 베르나르 베르베르의 『개미』라는 책에 실리면서 개미 수열로 알려지기도 했지만 원조는 파스칼의 삼각형입니다. 파스칼의 삼각형에 숨겨진 다양한 규칙들을 찾아보는 것도 재미있을 거예요. 파스칼의 삼각형은 각 행의 양끝은 항상 1이고, 그 사이에 존재하는 수들은 바로 위에 있는 행의 왼쪽과 오른쪽에 있는 두 수의 합을 적어 넣어서 만들어졌답니다.

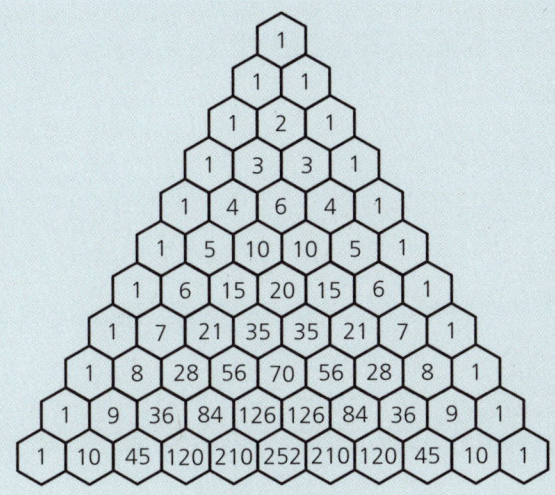

파스칼의 삼각형

나는 14살 때 프랑스 수학자 모임에 참석할 정도로 수학을 아주 좋아했어요. 그리고 18살이 되던 해 세무 감독관이 되어 세금 계산을 하던 중, 톱니바퀴를 이용해 계산을 빠르게 할 수 있는 기계 장치인 기계식 계산기인 파스칼린(Pascalin)을 만들었어요. 회계사로 일하며 일일이 수작업으로 수없이 많은 세금 계산을 반복하며 고생하는 아버지를 돕기 위한 것이기도 했고요.

당시에 프랑스의 화폐 제도는 10진법이 아니라 20진법과 12진법을 동시에 쓰고 있어서 세금 계산이 매우 힘들었지요. 내가 만든 계산기는 상자 모양으로 되어 있고 숫자판이 한 자리씩 띄엄띄엄 일렬로 있으며 10개의 바큇살이 있는 바퀴가 숫자판의 자릿수만큼 일렬로 놓여있어요. 그래서 바큇살을 돌리면 숫자판이 돌아가면서 계산을 해 주지요.

파스칼린(Pascalin)

21살에는 토리첼리의 기압에 관한 연구를 토대로, 수은 기둥을 사용한 유체의 압력과 부피에 관한 파스칼의 법칙을 발견했어요. 압력은 힘을 힘이 작용하는 넓이로 나눈 값인데, 나는 물체가 물과 같은 액체 속에서도 압력을 받는다는 것을 알아냈지요. 이때 물체가 받는 압력은 같은 깊이에서는 어느 방향에서나 같다는 것을 알아냈어요.

1654년 말부터 나는 신학에 몰두했어요. 이때 치통과 두통에 시달리며 잠도 제대로 못 이룰 정도로 고통스러운 나날을 보내다가 1662년 8월 19일 39세의 젊은 나이로 세상을 떠났습니다.

내가 쓴 책 『팡세』는 기독교적 신앙을 바탕으로 인간의 이성의 한계와 인간의 불완전성을 다룬 책이에요. 이 책은 내가 죽은 후 7년 만인 1669년에 발행되었답니다. '인간은 생각하는 갈대이다.'라는 말을 들어

본 적이 있을 텐데, 바로 이 책 속에 제가 쓴 말입니다. 정확하게는 '인간은 자연 가운데서 가장 약한 하나의 갈대에 불과하다. 그러나 그것은 생각하는 갈대이다.'라고 쓴 문장이었지요.

여러분이 나를 내가 남긴 업적으로 기억하는 것은 쉽지 않을 거예요. 그래도 프랑스의 수학자, 심리학자, 과학자, 신학자, 발명가, 작가 그리고 철학자로 다방면에서 활동하다 젊은 나이에 죽은 '블레즈 파스칼'이란 사람이 '인간은 생각하는 갈대이다.'라고 하면서 사고(思考) 즉, 생각하고 궁리하는데 인간의 위대함이 있다고 했다는 것을 기억해 주면 좋겠습니다. 최초의 계산기를 만든 사람으로 기억해 줘도 좋겠고요.

만나서 반가웠어요. 여러분도 늘 잘 생각하며 살아가길 바랍니다.

사진 출처 : 파스칼-public domain / 파스칼린-by Rama-CC-BY-SA-3.0(Wikipedia.org)

팩토리얼 기호에 관한 연구

파스칼, 1632년(파리 초등학교)

요약

이 연구에서 우리는 경우의 수를 나타내는 새로운 기호인 팩토리얼을 도입하고 팩토리얼의 재미있는 성질을 연구한다.

1. 서론

수학에서 기호는 매우 중요하다. 우리는 '3 더하기 2는 5이다'를 수학 기호를 이용해 3+2=5라고 쓴다. 이렇게 더하기를 나타내는 기호 +와 빼기를 나타내는 기호 −는 1489년 독일의 위드만에 의해 처음 도입되었다[1]. 곱하기 기호 ×는 1631년 영국의 수학자 오트렛에 의해 처음 사용되었고[2], 나누기를 나타내는 기호인 ÷는 스위스의 수학자 란이 1659년 처음 사용하였다[3]. 또한 등호 =는 수학자 레코드가 1557년 처음 사용하였다. 이러한 기호들 덕분에 우리는 덧셈 뺄셈 곱셈 나눗셈 등을 간단하게 기호로 나타낼 수 있게 되었다.

이 연구에서는 우리는 경우의 수를 나타내는 데 큰 도움이 될 새로운 기호를 도입하고, 그 기호의 재미있는 성질에 대해 연구한다.

2. 팩토리얼 기호

세 개의 수를 일렬로 세우는 경우의 수는 3×2×1=6(가지)가 되고, 4개의 수를 일렬로 세우는 경우의 수는 4×3×2×1=24(가지)가 되며, 5개의 수를 일렬로 세우는 경우의 수는 5×4×3×2×1=120(가지)가 된다. 이제 다음과 같은 기호를 도입하자.

5!=5×4×3×2×1

이것을 이제 우리는 '5 팩토리얼'이라고 읽을 것이다. 느낌표를 쓴 이유는 숫자가 점점 커져서 깜짝 놀라게 되기 때문이다. 5 팩토리얼은 5부터 시작해서 1까지의 차례로 수를 곱한 것으로 정의된다. 그러므로 자연수 N에 대하여 N 팩토리얼을 다음과 같이 정의 할 수 있다.

N!=N×(N-1)×(N-2)×⋯×1

N에 차례로 1, 2, 3, 4, 5를 넣으면 다음과 같다.

1!=1

2!=2×1

3!=3×2×1

4!=4×3×2×1

5!=5×4×3×2×1

3. 팩토리얼의 성질

어떤 수의 팩토리얼은 그 수부터 시작해 1씩 작은 수를 차례로 곱해 1까지 곱한 것으로 정의된다. 예를 들어 5 팩토리얼은 5부터 시작해, 4, 3, 2, 1을 차례로 곱한다. 이때 4, 3, 2, 1의 곱은 4 팩토리얼이므로 5 팩토리얼은 5와 4 팩토리얼의 곱임을 알 수 있다. 즉 어떤 수의 팩토리얼은 그 수와 그 수보다 1작은 수의 팩토리얼의 곱이 된다. 이것을 식으로 나타내면 다음과 같다.

N!=N×(N-1)!

위 식에서 N에 2, 3, 4, 5를 차례로 대입하면 다음과 같다.

2!=2×1!

3!=3×2!

4!=4×3!

5!=5×4!

4. 일부를 뽑아서 일렬로 세울 때의 경우의 수

네 개의 수에서 두 개의 수를 뽑아서 일렬로 세우는 경우의 수는 4×3(가지)가 된다. 이것을 다음과 같이 쓸 수 있다.

$$4 \times 3 = \frac{4 \times 3 \times 2 \times 1}{2 \times 1}$$

이 식을 보면 분자는 4 팩토리얼이고 분모는 2 팩토리얼이다. 즉, 네 개의 수에서 두 개의 수를 뽑아서 일렬로 세우는 경우의 수는 $\frac{4!}{2!}$ 이 된다. 일반적으로 N개의 수 중에서 M개의 수를 뽑아 일렬로 세우는 경우의 수는 $\frac{N!}{(N-M)!}$ 이 된다.

5. 결론

이 연구에서 나는 경우의 수를 구할 때 자주 사용되는 수들의 곱을 나타내기 위해 팩토리얼이라는 기호를 도입했다. 이 기호를 이용해 어떤 수들을 일렬로 세우는 경우의 수를 팩토리얼로 나타내 보았다. 또한 팩토리얼의 재미있는 성질을 찾아보았다.

참고문헌

[1] 위드만(J.Widmann), 『Behende und hübsche Rechenung auff allen Kauffmanschafft』(1489)

[2] 오트렛(W. Oughtred), 『수학의 열쇠』(1631)

[3] 란(J. Rahn), 『대수학책』(1659)

[4] 레코드(R.Records), 『지혜의 숫돌』(1557)

GAME 1 개념 정리 QUIZ 정답

1. 3×3=9(가지)이다.

2. 6×5×4=120(가지)이다.

3. 짝수 또는 3의 배수가 나오는 경우는 2, 3, 4, 6, 8로 5가지이다.

GAME 2 개념 정리 QUIZ 정답

1. (5×4×3×2×1)÷(3×2×1)÷(2×1)=10(가지)이다.

2. (4×3×2×1)÷(2×1)÷(2×1)=6(가지)이다.

3. (5×4×3)÷(3×2×1)=10(가지)이다.

GAME 3 개념 정리 QUIZ 정답

1. 2×2×2=8(가지)이다.

2. 3명의 유권자 이름을 A, B, C라고 하고 2명의 후보를 a, b라고 하자.
유권자 A가 쓸 수 있는 모든 경우의 수는 a, b로 2가지이다.
유권자 B가 쓸 수 있는 모든 경우의 수는 a, b로 2가지이다.
유권자 C가 쓸 수 있는 모든 경우의 수는 a, b로 2가지이다.
그러니까 전체 경우의 수는 2×2×2=8(가지)이다.

3. 10과 11로 2가지이다.

GAME 4 개념 정리 QUIZ 정답

1. 홀수는 1, 3, 5이므로 홀수의 눈이 나올 확률은 $\frac{3}{6}=\frac{1}{2}$이다.

2. 3의 배수 또는 짝수가 나오는 경우는 2, 3, 4, 6, 8, 9의 6가지 경우이므로 3의 배수 또는 짝수가 나올 확률은 $\frac{6}{10}=\frac{3}{5}$이다.

3. 2개의 눈이 같은 경우는 (1,1), (2,2), (3,3), (4,4), (5,5), (6,6)의 6가지 경우이고 전체 경우의 수는 6×6=36(가지)이므로 구하는 확률은 $\frac{6}{36}=\frac{1}{6}$이다.

GAME 5 개념 정리 QUIZ 정답

1. 1개의 주사위에서 나오는 눈의 종류는 6가지이므로 2개의 주사위를 던졌을 때 가능한 경우의 수는 6×6=36(가지)이다. 2개의 주사위를 A 주사위, B 주사위라고 해 보자. 이 중 두 눈의 합이 3인 경우는 A 주사위가 1이고, B 주사위가 2인 경우와 A 주사위가 2이고 B 주사위가 1인 경우로 2가지이다. 그러므로 구하는 확률은 $\frac{2}{36}=\frac{1}{18}$이다.

2. 3개의 동전을 동시에 던져 나올 수 있는 경우의 수는 8가지이다. 3개의 동전 모두 앞면이 나오는 경우는 1가지이므로 구하고자 하는 확률은 $\frac{1}{8}$이다.

3. 구슬은 모두 7개이고 그중 흰 구슬이 3개이므로 구하고자 하는 확률은 $\frac{3}{7}$이다.

GAME 6 개념 정리 QUIZ 정답

1. 5할

2. $\frac{4}{12} = \frac{1}{3}$ 이다

3. 1할 2푼 5리이다.

수학 교과서 속 용어 정리 & 찾아보기

[경우의 수] 32쪽, 46쪽, 76쪽, 112쪽

어떤 사건이 일어날 수 있는 경우의 가짓수를 경우의 수라고 한다. 한 개의 주사위를 던져서 홀수의 눈이 나올 경우는 1, 3, 5의 세 가지이므로, 이때의 경우의 수는 3이다. 가위바위보에서 한 사람마다 낼 수 있는 경우의 수는 가위, 바위, 보로 3이다. 두 가지 일이 동시에 일어나는 경우의 수도 있는데, 동전 두 개를 동시에 던졌을 때 모두 앞면이 나올 경우의 수를 구할 수 있다. 이와 같이 두 가지 일이 동시에 일어나는 경우에는 두 가지의 일이 일어날 수 있는 경우를 모두 짝을 지어 생각해 보면 된다. (앞, 앞), (앞, 뒤), (뒤, 앞), (뒤, 뒤)로 모두 앞면이 나오는 경우의 수는 1이 된다.

관련 용어 : 경우의 수에 대한 곱하기 법칙, 확률

[경우의 수에 대한 곱하기 법칙] 34쪽, 41쪽

A 사건이 일어나는 경우의 수 m가지의 각각에 대하여 B 사건이 일어나는 경우의 수가 n일 때 A와 B 사건이 동시에 일어나는 경우의 수는 (m×n)가지로 구할 수 있다. 이를 경우의 수에 대한 곱하기 법칙이라고 한다.

관련 용어 : 경우의 수, 확률

[확률] 76쪽, 90쪽, 112쪽

일정한 조건 아래에서 어떤 사건이 일어날 가능성의 정도나 그런 수치를 확률이라고 한다. 수학적으로는 1을 넘을 수 없고 음이 될 수도 없

수학 교과서 속 용어 정리 & 찾아보기

다. 확률 1은 항상 일어나는 것을 의미하고, 확률 0은 절대로 일어나지 않는 것을 의미한다.
관련 용어 : 경우의 수

[토너먼트]　　　　　　　　　　　　　　　　　　56쪽
월드컵 본선이나 올림픽 경기 등 우승자를 가리는 경기 방식인 토너먼트(tournament)는 대진표에 따라 이기면 결승까지 계속 올라가지만, 한 번 지면 탈락하는 방식을 말한다. 단판에 승부를 가르는 토너먼트 방식은 짧은 기간에 우승자를 가리는 경기에서 주로 사용된다. 장기간에 걸쳐 홈 앤 어웨이 방식으로 여러 차례 경기를 벌여 우승자를 가리는 리그(league)와 비교되는 경기 방식이다.
관련 용어 : 경우의 수, 확률, 리그

[모스 부호]　　　　　　　　　　　　　　　　　　63쪽
모스 부호(Morse Code)는 점과 선을 배합하여 문자와 기호를 나타내는 전신 부호를 말한다. 미국의 발명가 모스가 고안한 것으로, 특히 무선 전신, 섬광 신호 따위에 쓰인다.

[타율]　　　　　　　　　　　　　　　　　　　　112쪽
야구에서 안타 수를 타수로 나눈 백분율을 타율이라고 한다. '타율이 낮다', '타율이 높다'라고 표현한다. 예를 들어, 어떤 선수가 8타수 3안

수학 교과서 속 용어 정리 & 찾아보기

타였다면 타율은 0.375인데, 3할 7푼 5리라고 읽는다.
관련 용어 : 타수, 타석, 안타 수, 할푼리

[팩토리얼]　　　　　　　　　　　　　　　　　　126쪽

느낌표 모양의 수학 기호를 팩토리얼(!)이라고 한다. '수를 단계적으로 곱한다'는 의미를 가진 팩토리얼은 '계승'이라는 말로도 불린다. 팩토리얼은 1808년 프랑스의 크람프가 처음 생각해 낸 기호이다.

예를 들어 n!이라고 되어 있으면 n팩토리얼 혹은 n계승이라고 부르고, 1부터 n까지를 차례대로 곱해야 한다.

$3!=1×2×3=6$

$5!=1×2×3×4×5=120$

$n!=1×2×3×4×5×⋯×n$

주의할 점은 0!은 0이 아니라 1로 미리 약속되어 있다는 점이다.
관련 용어 : 파스칼

[볼츠만]　　　　　　　　　　　　　　　　　　88쪽

루트비히 볼츠만(Ludwig Boltzmann, 1844~1906)은 오스트리아에서 태어난 이론 물리학자로 고전 통계역학을 정립한 인물이다. 볼츠만의 주요 업적으로는 기체 운동론의 확립을 들 수 있고, 이 기체운동론을 확률적으로 기술하고자 하는 노력이 뒤따랐고 이는 볼츠만의 대표적인 업적인 엔트로피로 확장되었다. 빈에 있는 볼츠만의 묘비에는 엔트로피의 공식이 새겨져 있기도 하다.

수학 교과서 속 용어 정리 & 찾아보기

관련 용어 : 엔트로피

[엔트로피]　　　　　　　　　　　　　　　　　　　　　　　90쪽

엔트로피(entropy)는 다른 말로 '무질서도'라고도 하며 확률적인 의미를 지니는 개념이다. 확률이 높은 상태가 낮은 상태에 비해 엔트로피가 크다고 할 수 있다. 물질의 무질서한 상태를 엔트로피라고 하고, 자발적인 반응은 무질서도 즉 엔트로피가 증가하는 방향으로 일어난다. 어떤 물질의 엔트로피는 가열했을 때 커지며, 분자들이 퍼져나갈 수 있는 공간을 더 넓혀 줌으로써 커진다.

관련 용어 : 볼츠만

[파스칼]　　　　　　　　　　　　　　　　　　　　　　122쪽, 126쪽

블레즈 파스칼(Blaise Pascal, 1623~1662)은 프랑스의 수학자, 물리학자, 철학자, 종교사상가이다. 많은 수학과 물리학에 대한 글들을 발표하고 연구했으며, 그가 죽은 후 그의 가까운 친척들과 친구들이 그가 남긴 글들을 엮어 유고집 『팡세』를 펴냈다.

압력이나 변형력의 단위로 쓰이는 파스칼(Pa)은 단위 면적당 1N(뉴턴)의 힘으로 정의되는데, 여기에 쓰인 단위의 이름 파스칼이 바로 블레즈 파스칼의 이름에서 따온 것이다.

관련 용어 : 팡세, 파스칼의 원리, 생각하는 갈대, 계산기, 대기압

개념잡는 수학툰 Level 1
중학교에서도 통하는 초등수학
❽ 경우의 수와 확률에서 엔트로피와 야구의 수학까지

ⓒ 정완상, 2022

초판 1쇄 발행 2022년 6월 25일
초판 2쇄 발행 2023년 11월 1일

지은이   정완상
그림   김민
펴낸이   이성림
펴낸곳   성림북스

책임편집 강현옥
디자인   윤주열

출판등록 2014년 9월 3일 제25100-2014-000054호
주소   서울시 은평구 연서로3길 12-8, 502
대표전화 02-356-5762
팩스   02-356-5769
이메일   sunglimonebooks@naver.com

ISBN   979-11-88762-59-0 (74410)
              979-11-88762-21-7 (set)

◆ 책값은 뒤표지에 있습니다.
◆ 이 책의 판권은 지은이와 성림북스에 있습니다.
◆ 이 책의 내용 전부 또는 일부를 재사용하려면 반드시 양측의 서면 동의를 받아야 합니다.